DESPROTEGIDOS

Arsenio Meneses

VERMELHO MARINHO

Autoria
Arsenio Meneses

Editor-chefe
Tomaz Adour

Revisão
Equipe Vermelho Marinho

Diagramação e capa
Equipe Vermelho Marinho

Dados Internacionais de Catalogação na Publicação (CIP)
Fabio Osmar de Oliveira Maciel – CRB-7 6284

M543d

Meneses, Arsenio
Desprotegidos / Arsenio Meneses. – 1. ed. – Rio de Janeiro : Vermelho Marinho, 2021.
120 p. ; 21 cm.

ISBN 978-65-86082-60-9

1. Romance brasileiro. I. Título.

698-040-21 CDD : 869.93

Índice para catálogo sistemático:
1. Romance: Literatura brasileira 869.93

VERMELHO MARINHO
EDITORA VERMELHO MARINHO
Avenida Gilka Machado, 315 – bloco 2 – casa 6
Recreio dos Bandeirantes - CEP: 22795-570
Rio de Janeiro – RJ

Este livro é dedicado a todos os brasileiros e brasileiras que, ao procurarem apoio social, amparo médico e proteção policial junto às instituições públicas, encontram-se completamente desprotegidos, devido ao total despreparo daquelas instituições.

Em especial, é dedicado a todas as mulheres e crianças de nosso país que, por sua fragilidade física, estão sempre à mercê de indivíduos, em sua maioria homens, com algum tipo de patologia mental ou mesmo de caráter perverso.

Os principais acontecimentos aqui narrados são baseados em fatos reais, vividos por um casal do Rio de Janeiro, no ano de 1988. Durante quase três meses, percorreram delegacias, hospitais, como também pelo IML, buscando uma solução para a situação de terror que viviam: durante quase dois meses, viveram sob a ameaça de um *serial killer*, que dizia já ter matado nove mulheres, incluindo uma menina de dois anos de idade, e que confessava o assassinato brutal da empregada doméstica que trabalhava com eles e que estava desaparecida, e afirmava que a próxima vítima seria a "patroa" ou uma das filhas do casal.

Os verdadeiros nomes dos envolvidos foram modificados, por medida de proteção a sua integridade.

Este livro foi primeiramente escrito em 2004 e inclue também narrativas de fatos, também reais, que aconteceram antes e depois de 1988, nos quais o autor foi envolvido e que estão certamente relacionados com o tema principal do livro, que é denunciar a total desproteção que os cidadãos brasileiros viviam naquele período e que não deve ser muito diferente do que acontece hoje, 2021.

AGRADECIMENTOS

Quase 35 anos depois dos acontecimentos que me motivaram a escrever este livro, finalmente consegui externar tudo o que venho guardando em meu coração como uma fonte de descontentamento e decepção com a forma como os cidadãos de nosso país são tratados pelas autoridades públicas.

Sempre ouvi dizer que um homem ou uma mulher não pode considerar que cumpriu sua "missão" ao passar pelo nosso planeta se ele ou ela não cumprir as seguintes coisas:

1- Plantar uma árvore

2- Ter pelo menos um filho(a)

3- Escrever um livro

Como já havia cumprido os dois primeiros (o segundo muito bem, pois tenho 5 filhos e hoje 10 netos), estive sempre me cobrando sobre o terceiro.

Com os acontecimentos aqui descritos sempre engasgados em minha garganta, comecei em 2004 a completar minha missão.

Mas um trabalho como esse, por mais simples que seja, não pode ser concluido se não tivermos o apoio e palavras de motivação de algumas pessoas.

Gostaria de agradecer ao meu amigo Cleofas Uchoa, por me mostar que um alcance como esse só se atinge com muita dedicação e persistência. Lendo os vários livros que ele escreveu, principalmente o último, "Homo Sapiens Sapiens

– O Desaparecimento – O que virá depois?" , ganhei o fôlego que faltava para terminar o meu primeiro livro.

Gostaria de agradecer aos meu amigos Antônio Gentil Goulart, Helio Graciosa e minha filha Kellian Meneses por terem lido meus manuscritos e feito comentários encorajadores.

Ao meu amigo por mais de meio século e ex-colega da PUC, Luiz Cláudio Rodrigues e minha filha Karen Meneses, pelos comentários e sugestões feitas no segundo livro que estou escrevendo, o que me deu força para terminar este primeiro.

Ao Tomaz Adour e Camilla Josy, da Editora Vermelho-Marinho, pelos conselhos e correções que fizeram no meu primeiro manuscrito.

Gostaria também de agradecer ao meu genro, Felipe Macedo Castro, hoje vivendo em Abu Dhabi, por ter criado o design da capa do livro, que expressa muito bem os sentimentos que tive para escrever este livro.

E agradecer a todos os membros de minha familia que, por anos e anos, tiveram a paciência de me ouvir falar nesse projeto, sempre me dizendo: "Vá em frente. Você tem uma boa história para contar".

CAPÍTULO 1

Naquela manhã de sábado, 13 de fevereiro, primeiro dia de Carnaval do ano de 1988, a rotina de arrumação de malas e "tralhas" para levar para Arraial do Cabo, região de praia onde sua família tinha uma casa, parecia a de sempre, exceto pela preocupação de Diogo de sair logo, por já saber que o trânsito na ponte Rio-Niterói, caminho obrigatório para quem viaja do Rio de Janeiro para a Região dos Lagos, seria um terror ainda maior que o costumeiro, pois, afinal, era Carnaval, a época na qual ao menos metade da população da cidade viaja.

Normalmente, a viagem para aquela região era sempre um suplício: a estrada era péssima e, em alguns trechos que passavam por dentro de zonas mais habitadas, os odiados quebra-molas se tornavam o pesadelo dos motoristas, que, em sua grande maioria, eram mal-educados e sempre trafegavam pelo acostamento em locais onde o trânsito era lento. Existiam também os buracos na estrada, tal como o risco de animais cruzando repentinamente a pista.

Quando se tratava, porém, de feriados prolongados como o Carnaval, a Semana Santa, entre outros, nos quais se fazia as chamadas "pontes", costume de não se trabalhar às sextas-feiras quando o feriado cai às quintas, o suplício atingia os limites da paciência. Diogo pensava em vender a casa toda vez que se via enroscado naqueles longuíssimos engarrafamentos, com o carro cheio de crianças que, se não dormiam, pediam para que ele parasse o carro para comerem ou irem ao banheiro.

Engenheiro em seus quarenta e poucos, Diogo trabalhara por mais de quinze anos na Embratel, uma estatal de telecomunicações, onde conhecera Grace, sua segunda esposa, de mesma idade. Os dois haviam se conhecido no trabalho e, com o primeiro casamento de Diogo vivendo tempos de declínio, acabaram se casando no começo de 1982, logo após sua separação. Após sua saída da estatal, há cerca de dois anos, fundou uma empresa de informática, que dividia agora com um ex-colega da antiga firma. A casa de Arraial era o centro de atenção e motivação da família. O casal havia comprado uma casa relativamente velha e vinham investindo tudo o que podiam – e tudo o que não podiam – para melhorá-la, tentando torná-la agradável de se passar os fins de semanas e as férias. E, apesar do sacrifício que era enfrentar aquele trânsito insuportável para ir e voltar, sempre acabavam viajando para lá nesses recessos. Esse era, aliás, o típico sonho das famílias de classe média do Rio de Janeiro: a tradicional casa de praia na Região dos Lagos ou em Angra dos Reis, ou uma nas montanhas, em Petrópolis, Teresópolis ou Friburgo.

O tamanho e o valor das habitações variavam muito, dependendo de qual ponto da escala da classe média – média-baixa, média-média ou média-alta – a família estivesse. Diogo se encaixava no ponto intermediário e, portanto, sua casa era o que se podia chamar de "razoável".

Para agravar toda aquela situação, andava chovendo bastante naqueles dias de fevereiro, e os desabamentos nos morros cariocas ameaçavam a vida dos que viviam nas encostas das favelas, como também a de moradores de casas e prédios de melhor qualidade que estavam ao sopé do morro.

– O que está faltando para saírmos? – perguntava Diogo já pela segunda vez para Grace, que corria de um lado para o outro "feito barata tonta", como costumava dizer, em tom de gozação.

– Já está quase tudo pronto, meu bem – respondeu Grace – por que você já não começa a descer com as coisas para o carro e começa a ajeitar as bolsas no porta-malas, em vez de ficar aí me vigiando?

– Não adianta nada eu descer e você ficar mais uma hora aqui em cima enrolando. Até parece que estamos nos mudando ou que vamos ficar um mês por lá. Você sempre leva mais roupa do que é preciso para uma semana; é roupa para caso faça calor, frio, para caso chova – ironizou Diogo, como sempre fazia, apesar de reconhecer que Grace sempre tinha razão. As crianças, duas meninas gêmeas, Kenia e Kate, de doze anos e um menino, Fábio, de dez, todas do primeiro casamento de Diogo, estavam deitadas no chão da sala de televisão, como gostavam de fazer sempre que estavam na casa do pai. A brincadeira favorita deles, entretanto, era brincar com Beatriz, meia-irmã, a filha de dois anos do casal. Grace estava no terceiro mês de gravidez, esperando seu segundo filho, e, pelo fato dela ter sofrido dois abortos naturais depois do primeiro parto, ela e Diogo estavam especialmente preocupados e atentos.

Como era ano par, 1988, os três filhos mais velhos moravam com a mãe e passavam fins de semana e feriados com o pai. Esse foi o acordo que Diogo e Kely, sua primeira esposa, fizeram na separação, há seis anos, e que, apesar de ter causado espanto e mesmo levantado a ira do juiz da vara da família, funcionava perfeitamente na vida prática daquelas crianças. O episódio na audiência, por mais patético que fora, marcara a memória de Diogo de forma que ele nunca esquecerá.

Ouvira de outros amigos que, naquelas audiências, o juiz sempre tentava uma reconciliação do casal antes de considerar o divórcio e assinar a petição. O advogado de Diogo era o mesmo de sua futura ex-esposa, um colega de trabalho do Departamento Jurídico da estatal. O advogado redigira uma petição muito simples, na qual os pais concordavam que os filhos morariam a cada ano, alternadamente, com cada um: anos pares com a mãe e anos ímpares com o pai.

– Isso eu não assino – disse o juiz baixinho e mal-humorado, que entrou apressado na sala de audiência e, sem dizer bom dia ou boa tarde para ninguém, sentou-se no alto de sua poltrona de majestade, deu uma rápida lida na petição de duas páginas e rosnou:

– Isso eu não assino. Tratem de refazer e voltem quando terminarem – sentenciou, com um pesado tom de arrogância, retirando-se apressadamente da sala. Após uma rápida modificação no documento, no qual a solução mais comum de que a mãe terá a guarda dos filhos e o pai terá direito a vê-los a cada quinze dias ficou estabelecida, voltaram à sala de audiência. Depois de alguns minutos, o juiz entrou novamente, carrancudo como da primeira vez, leu rapidamente a nova petição, assinou e saiu como entrou, sem ao menos cumprimentar os presentes.

Dois anos depois, Diogo leu uma reportagem sobre casos de separação de famílias nos Estados Unidos, cuja última novidade era, felizmente, a exata proposta feita por ele e Kely.

****

A passagem pela ponte Rio-Niterói não foi nada diferente daquilo que se esperava. O engarrafamento já começava na Av. Francisco Bicalho, a alguns quilômetros antes de se chegar à ponte. Um percurso, que normalmente era feito em quinze minutos, nesses dias poderiam levar de uma a duas horas; os carros chegavam a ficar totalmente parados na ponte, com as pessoas saindo dos carros para esticar as pernas, situação que só agradava aos vendedores ambulantes que, circulando entre os carros parados, tentavam faturar um pouco. Ainda havia, constantemente, o perigo de assalto, muito comum na região, principalmente próximo à Avenida Brasil.

– Lembro-me do tempo em que essa travessia era feita pelas barcas – comentou Diogo enquanto sintonizava o rádio do carro em alguma "música de gente", como ele e Grace costumavam chamar as músicas mais lentas e menos barulhentas. – As demoras em fins de semanas e feriados são sempre dolorosas. Todos diziam que, quando a ponte ficasse pronta, essa agonia iria acabar, mas continuamos na mesma. Aquela travessia de barca tinha até um certo gostinho de aventura.

– Nisso eu concordo – disse Grace, que a essas altura já estava ficando cansada de segurar Beatriz no colo, com aquela barriga de três meses de gravidez tornando as coisas mais difíceis e a viagem mais cansativa – eu até que gostava daquela travessia de barca, pegando a brisa do mar no rosto enquanto cruzava a Baía de Guanabara. Mas o negócio é relaxar, não reclamar muito, que logo estaremos fora desse sufoco, porque, pelo menos, temos essa opção de irmos para uma casa de praia nossa, meu amor, onde vamos curtir mais de uma semana de praia e boa vida. Não sei por que a Isaura não quis vir conosco – disse de repente, mudando de assunto e de expressão.

Isaura era a empregada doméstica que, depois de trabalhar por mais de três anos com o casal, resolvera sair por conta de um desentendimento com Grace. Mas, como era muito apegada às crianças, resolvera voltar, embora seu orgulho de nordestina nunca a deixaria confessar isso. Era realmente uma pessoa bastante diferente das milhares que vinham do Nordeste em procura de melhor qualidade de vida em cidades como Rio e São Paulo. Era piauiense, baixinha e franzina, e possuía os cabelos longos pintados de loiro. Isaura possuía um senso de responsabilidade fora do comum: gostava de cuidar das coisas com o maior carinho possível. Era assim principalmente com as crianças; tinha mais paciência que Grace quando elas se agitavam, e gostava de colocá-las para dormir lhes fazendo cafuné. Ainda por cima, cozinhava como ninguém.

Nos últimos meses que esteve na casa, antes de pedir demissão, começou a querer competir com Grace. Como era uma pessoa muito organizada, passou alguns anos fazendo poupança na Caixa Econômica, juntando dinheiro suficiente para alugar uma casa na Penha, com uma das irmãs que estava no Rio e uma outra amiga. Ao montar a casa, comprou principalmente eletrodomésticos iguais aos que Grace tinha em casa. A geladeira era da mesma marca e modelo, tal como a TV e o sistema de som. Era um capricho que Diogo e Grace achavam graça e não davam muita atenção. Com o tempo, sua forma de fazer as coisas à sua maneira e não como Grace lhe ordenava acabou por provocar um clima de convivência difícil e, no final de 1986, pediu demissão. Há cerca de um mês, contudo, fizera contato com Grace, dizendo que estava saindo do atual emprego e que gostaria de voltar, o que a deixou mais que satisfeita por tê-la de volta. Depois de ter passado por três ou quatro situações delicadas com outras trabalhadoras domésticas, todas completamente sem condições de cuidar da casa e muito menos das crianças, sentiu um alívio por ter de volta alguém tão dedicada. Grace contava com a ajuda de uma diarista de nome Lourdes, que vinha duas vezes por semana para dar uma faxina geral na casa. Era uma mulher de mais idade, em torno dos cinquenta anos, gorda e bonachona, e desde que Isaura pedira demissão, Grace, entre as diversas tentativas de nova empregada que arriscou, sempre contava com sua ajuda para fazer a limpeza. Só gostava de trabalhar como diarista, condição muito comum naquela época, preferida tanto pelas patroas que não queriam uma empregada fixa que precisasse dormir na casa, quanto pelas empregadas que não gostavam de deixar seus maridos ou filhos por vários dias. Não tinha nem de longe as qualidades do serviço de Isaura, mas, pelo menos, sempre tentava fazer as coisas do jeito que Grace pedia. Além disso, era, como Isaura, de confiança e Grace não tinha receio de lhe entregar as chaves da casa.

– A Isaura é realmente diferente, você sabe disso –respondeu Diogo, se ajeitando no banco do carro, já parado naquele mesmo lugar havia mais de quinze minutos – se ela continua com aquela mania de competir conosco, e principalmente com você, só vai querer ir para Arraial no dia que tiver sua própria casa de praia – disse, com um sorriso irônico – mas, é realmente uma pena que não tenha querido vir, pois teríamos uma boa chance de ver se ela mudou durante esse tempo que ficou fora lá de casa. Se bem que duvido... você notou alguma coisa diferente nela?

– Ainda não deu para perceber – respondeu Grace com uma voz preguiçosa, com a cabeça recostada no espaldar alto do banco do carro – ela só está lá em casa há 3 semanas e, nesse tempo, acabou gastando alguns dias para encerrar os seus compromissos no emprego anterior. Você sabe como ela é responsável, né? E o jeito dela com as crianças continua tão bom como antes. Acho que se não tivéssemos as crianças ela não teria querido voltar.

– Também acho. Mas você a convidou para vir conosco?

– Claro, afinal seria uma boa ajuda na casa. Não teríamos que ficar dependendo somente daquela dupla de Arraial.

Ela se referia ao casal de caseiros que cuidavam – ou deviam cuidar – da casa, e que era uma verdadeira tristeza em matéria de fazer a limpeza e tratar do jardim. O marido era um preguiçoso de primeira e a mulher não batia muito bem da cabeça; apesar de serem evangélicos, ela adorava falar besteiras.

– Ela disse que preferia ficar em casa para colocar as coisas em ordem e, talvez, na segunda-feira de Carnaval, encontrar sua irmã e algumas amigas na Penha. – continuou Grace meio sonolenta, já tendo passado Beatriz para o banco de trás para dormir com os irmãos – devem ir ver os desfiles dos blocos na Rio Branco, na segunda-feira à tarde e, na terça-feira, ela retorna lá para casa. Eu disse para só voltar na quinta, mas ela disse que não; como já conheço a peça, não quis nem discutir muito, e deixei do jeito que ela queria.

CAPÍTULO 2

Logo depois que conseguiram passar pela ponte, pegaram a estrada que liga Niterói até Rio Bonito, Ao ver o corpo de um cavalo morto jogado ao lado da rodovia, Diogo teve um mal pressentimento sobre o risco que animais cruzando a estrada representavam para os motoristas.

Seu pressentimento foi profético. Três anos depois, em março de 1991, viajava com Grace numa noite chuvosa naquela mesma via, e um desastre aconteceria. Retornavam para Arraial do Cabo, onde estavam havia alguns dias, depois de uma ida rápida ao Rio, para resolverem alguns problemas de Grace no INPS, que, aliás acabaram não resolvendo, já que os funcionários estavam de greve. Foi viagem perdida.

Já passava de 9 horas da noite e havia pouquíssima visibilidade devido à chuva forte quando, de repente, a poucos metros do carro, Diogo viu três cavalos enormes atravessando vagarosamente a pista, em fila indiana. Pensou rapidamente que, se freasse, o carro certamente iria derrapar naquela pista molhada e chocar-se com os cavalos. O carro estava a aproximadamente 90 km/hora e, naquela velocidade, um choque frontal com um cavalo daquele tamanho significava alto risco de morte para todos os envolvidos. Na fração de segundo que teve para raciocinar, resolveu, em vez de de frear, fazer justamente o contrário: acelerar o carro, tentando passar pelo canto de estrada entre os animais e o lado esquerdo da pista.

No rápido raciocínio, ainda conseguiu pensar que não poderia deixar o carro cair para fora da pista, pois certamente teria um ressalto entre ela e o acostamento, o que poderia fazê-lo capotar.. Só tinha que acelerar e rezar para que pudessem passar ilesos pelo canto.

Enfim, o plano quase funcionou: conseguiu passar pelo canto, mas o lado direito do para-brisa bateu em cheio no rosto do cavalo que estava na frente. Com aquela antevisão do choque, Grace se encolhera no banco, colocando os pés sobre o painel à sua frente, tentando se proteger.

O para-brisa dianteiro estourou, jogando centenas de pedaços de vidro sobre o casal. Um dos pedaços voou diretamente para o olho direito de Grace que, sentindo o impacto, colocou logo as mãos no rosto, dizendo logo que alguma coisa grave acontecera. Depois de verificar que nada havia acontecido consigo mesmo, Diogo dirigiu rapidamente atrás de um posto de gasolina onde pudessem parar.

A chuva que caía entrava no carro pelo para-brisa quebrado, e todo o vidro esparramado no banco do carro era bastante incômodo e perigoso. Pararam, enfim, no primeiro posto que encontraram, onde conseguiram água mineral em copinho para lavar os olhos de Grace. Naquele momento, Diogo percebeu que havia um pouco de sangramento em seu olho ferido, alarmando-se pela gravidade da situação.

Depois de limparem os pedaços de vidro, seguiram para um hospital em Itaboraí, uma cidade próxima. Chegaram por volta das 9:30 horas da noite e, depois de alguma espera, foram atendidos pelo médico de plantão, que era bastante atencioso. Depois de uma rápida análise no olho de Grace, foi logo afirmando que não teria condições de fazer ali a cirurgia necessária.

O pedaço de vidro provocara um corte profundo, com pouco mais de um centímetro de comprimento, na córnea do olho direito, em forma de Y invertido, e, para evitar que o olho murchasse, como informou o médico, era preciso uma cirurgia urgente. Disse que deveriam ir logo para o hospital Antônio Pedro, em Niterói, onde teriam condições para a operação.

Enquanto esperava a esposa ser atendida, Diogo tentou ligar para sua cunhada, que morava também no Rio de Janeiro e que, por coincidência, era médica oftalmologista, para pedir conselhos de como proceder. Contudo, os telefones do hospital não funcionavam bem por conta daquela chuva, o impossibilitando de completar a chamada.

Informou ao médico de que não poderiam ir para Niterói com o carro que vieram devido ao para-brisa quebrado. O médico disse para que o deixassem na garagem do hospital e que mandaria a única ambulância que servia ao hospital levá-los.

Ficaram quase uma hora esperando e, quando a ambulância chegou, foram logo sendo avisados pelo motorista da possibilidade daquela ambulância não ser adequada para irem para a viagem, visto que estava com o limpador de para-brisa enguiçado, e, com toda aquela chuva, ficaria impossível percorrer 30 quilômetros. Com a insistência de Diogo, o motorista concordou em tentar, mas, mal saindo do hospital, resolveu voltar, convencendo-o de que não daria para prosseguir.

Ele deixou o casal, então, em um ponto de táxi, onde, depois de muita insistência, já que estava sem dinheiro vivo, Diogo finalmente convenceu um taxista mais velho a levá-los, propondo o pagamento em cheque. Apesar de seus apelos, mostrando sua esposa com o olho sangrando e oferecendo um valor bem maior pela corrida, com um cheque especial garantido pelo banco, ele só obteve sucesso com esse taxista, que retornava naquele momento para seu ponto e aceitara a viagem.

– Não se preocupe, meu bem. Se eu perder este olho, ainda tenho o outro. Tivemos muita sorte: a essa hora, poderíamos estar mortos – dizia Grace para o marido, enquanto mantinha-se tranquila durante o caminho. Diogo, por outro lado, contava os minutos para chegar ao hospital, ansioso, calado, sem resposta ou reação para a calma da esposa.

Lembrou-se de um episódio que acontecera em Niterói, no dia 17 de dezembro de 1961, quando três criminosos atearam fogo no Gran Circus Norte-Americano, matando no mesmo dia mais de 500 pessoas e deixando mais de 800 sériamente feridas, muitas delas vindo a falecer ou obtendo sequelas permanentes. O incêndio fora comandado por um tal Dequinha, ajudado por dois outros, apelidados de Bigode e Pardal; Dequinha fora demitido pelo dono do circo durante a sua montagem por roubo de material, jurando, então, vingança.

Dois dias depois da inauguração do espaço, com mais de 3000 pessoas na plateia, Dequinha e seus parceiros vieram com baldes de gasolina e atearam fogo. A lona do circo, diferentemente do que propagandeava o dono, era encerada com uma parafina altamente inflamável, fazendo com que, em apenas cinco minutos, todo o circo estivesse envolto em chamas. Dentre as 503 pessoas que morreram, 352 eram crianças, com menos de dez anos. Foram ao circo para ver, pela primeira vez, um elefante, um leão, um tigre e outros animais selvagens, além da alegria dos palhaços. Diz a história que muitas pesoas conseguiram se salvar graças a uma elefanta de nome Sema que, com sua força, conseguiu arrebentar as correntes que a prendia e saiu correndo, abrindo uma passagem na lona, por onde vários saíram.

Dequinha havia sido condenado a catorze anos de prisão, mas fugira da cadeia poucos anos depois, acabando, por fim, sendo assassinado: seu corpo fora encontrado logo depois de sua fuga, perfurado por treze tiros. Algumas pessoas que perderam entes queridos no incêndio resolveram fazer justiça com as próprias mãos, apesar da debilidade mental comprovada do criminoso.

Ao se lembrar de um detalhe daquele incidente, Diogo sentiu um calafrio na espinha: algo que contribuíra para o falecimento de diversas pessoas foi o fato de que, naquele dia, os médicos do Hospital Antônio Pedro estavam em greve por "melhores condições de trabalho e salários".

– Só falta chegarmos no hospital e os médicos estarem de greve – comentou Diogo.

Aquele episódio do circo teve grande importância em sua vida. Ele tinha quinze anos quando aconteceu e, além de um sentimento de tristeza e revolta, teve reforçada em sua mente suas dúvidas de tudo que ouvira de seus pais e da sociedade católica da existência de um Deus bondoso e todo poderoso que ama e protege a todos nós, principalmente em relação ao que seu pai dizia sobre a existência de anjos da guarda que protegiam as crianças. Bastante crítico e cético em relação aos dogmas religiosos, Diogo consolidou naquela tragédia sua tendência se transformando em um ateu.

Quando alguns amigos e parentes, falando sobre o incêndio, tinham sempre frases prontas como "Deus sabe o que faz e age de forma misteriosa" ou "Deus escreve certo por linhas tortas", sentia-se irado e perguntava àquelas pessoas o que elas sentiriam se algumas daquelas crianças que lá morreram fossem seus filhos ou irmãos. Se argumentavam que tudo foi em função do livre-arbítrio que Deus deu a todos nós e que, de qualquer maneira, aqueles criminosos iriam pagar quando morressem e fossem para o inferno, Diogo contra-argumentava, questionando o porquê de Deus não ter agido e impedido o acontecido. "O pecado deles já estava caracterizado e portanto iriam pro inferno de qualquer jeito, mesmo se o incêndio não se completasse", eles diziam, o que o fazia lembrar imediatamente das aulas de catecismo que teve de fazer quando tinha menos de dez anos, na qual se falava que se pode pecar por pensamentos, palavras e obras.

Já como adulto, acompanhando discussões sobre crenças, Diogo nunca aceitava os argumentos de teístas, principalmente cristãos, de que a vida sem um Deus não teria um propósito, bem identificado nos valores da Bíblia com a existência de um paraíso para os que seguissem os mandamentos de Deus e aceitassem Jesus como salvador, e um eterno inferno para os que não o fizessem.

Ele acreditava que os seres humanos podem, perfeitamente, entender que não existe nenhum ser sobrenatural que se preocupa com cada pessoa existente hoje no mundo. O propósito da vida deveria ser a busca pela realidade e um bem estar geral, e perceber que, com o desenvolvimento da ciência, principalmente na área de bioengenharia, podemos alcançar um estágio tal na Terra no qual os humanos terão total controle sobre seus corpos, sobre o envelhecimento. Isso permitiria que se criassem condições nesse planeta análogas as do paraíso. Isso com a vantagem de ser um fato concreto, não um mito que hoje muitas religiões propagam e de que não se tem a mínima evidência de que é real.

Assim, o propósito da vida de todas as sociedades deveria ser a busca daquela realidade. Parar imediatamente de alocar quase um trilhão de dólares anualmente para desenvolvimento de armas e equipamentos militares de alto poder destrutivo e alocar esses recursos em ciência poderá, em algumas décadas, alcançar o estágio acima descrito.

Enquanto isso não é alcançado, o que certamente só beneficiaria as gerações futuras, as presentes gerações, como sugerem os melhores ateus da atualidade (Richard Dawkins, Sam Harris, Michael Shermer, Dan Barker, Dan Dennett, Lawrance Krauss, entre outros), cada pessoa cria o próprio propósito para sua vida.

É preciso notar que os que vão se beneficiar dessa nova realidade serão os bisnetos, tataranetos e os demais descendentes dessa geração.

Diogo sempre se lembrava de um exemplo de como esforços extraordinários de pesquisa científica associados à alocação de recursos financeiros, também extraordinários, podem produzir verdadeiros "milagres" no desenvolvimento das tecnologias existentes: é o caso do Projeto Manhattan, que, em apenas 7 anos , desde a descoberta da possibilidade da fissão do núcleo dos átomos até a conclusão das duas primeiras bombas atômicas que foram jogadas no Japão em 1945, deixou evidente a capacidade do ser humano em desenvolver ciência.

Esse projeto envolveu os melhores físicos da época e chegou a ter mais de cem mil pessoas trabalhando de forma secreta, com um custo que, a números de hoje, chegaria a 25 bilhões de dólares.

A premonição de Diogo aconteceu exatamente como ele temia: ao chegarem no hospital, perceberam logo que estava fechado e as luzes, quase todas apagadas, com várias faixas penduradas nas paredes informando sobre a greve, "por melhores salários e melhores condições de trabalho".

Já era mais de meia-noite e mais de 3 horas já haviam se passado desde o acidente, e Grace corria o risco de seu olho murchar. Conseguiram entrar pelo lado da emergência do hospital, confirmando que estava tudo praticamente parado, com as salas todas fechadas. Ignorando um cartaz na porta de uma sala dizendo "se não pode ajudar, favor nem entrar", Diogo decidiu entrar e encontrou vários médicos batendo papo, indiferentes a sua presença.

Conseguiu, então, falar com uma médica que já saía, explicando o caso de sua esposa e perguntando como poderia usar um telefone para ligar para sua cunhada, que era também médica. Parece que a menção de que a irmã de Grace era médica causou algum efeito positivo, e ela concordou em pedir a um oftalmologista para examinar o olho de Grace, dizendo para Diogo usar um telefone público no hall de entrada, comprando, antes, fichas em um bar no outro lado da rua.

Enquanto Grace ficava na sala de espera, que estava vazia e com as luzes semi-acesas, Diogo foi correndo ao bar do outro lado da rua para comprar fichas para o telefone púbico. Como era mais de meia-noite, o bar estava fechado e ele teve que retornar sem fichas para o telefone público. De volta ao hospital, viu que sua esposa já estava sendo atendida por um oftalmologista. Era um médico jovem, bastante alto, de nome Ricardo, mas com uma grande má vontade de atendê-la, mesmo conhecendo sua irmã.

Logo ao entrar na sala, Diogo foi questionado pelo médico se havia assinado a autorização para a cirurgia de Grace. Com medo da situação de greve, perguntou ao doutor se, caso tivessem de esperar mais uma ou duas horas até chegar a um hospital no Rio de Janeiro, haveria alguma diferença no estado do olho de Grace. Ele respondeu secamente que não: agora, o que tivesse de ter acontecido de ruim já teria ocorrido, e a espera não faria qualquer diferença; afinal, ele também ficaria livre daquele caso.

Conseguiu, com a médica que os recebera inicialmente, acesso a um telefone restrito do hospital, podendo, finalmente, falar com a cunhada. Ela sugeriu que ele trouxesse Grace a um hospital especializado, em Botafogo, onde chegaram a 1:30, com ela já os esperando na porta.

Depois da chegada de toda a equipe médica atendendo o chamado de emergência, Grace foi operada, recebendo 7 pontos na córnea dilacerada, em uma cirurgia que durou mais de duas horas. Hoje, ela está praticamente cega daquele olho, com uma cicatriz bem visível.

Resolvido o problema, Diogo pediu a um amigo de Cabo Frio, que tinha algum relacionamento com a polícia da área onde acontecera o acidente, que tentasse descobrir algo sobre o cavalo e também que fosse no hospital de Itaboraí buscar o carro batido. Para a sua surpresa, seu amigo comentou que não foi encontrado nenhum cavalo morto no local, e o mais engraçado era que os policiais da área acreditavam que não houvera atropelamento algum; na opinião deles, Diogo teria atropelado uma pessoa e escondido o corpo.

Voltando ao dia 13 de fevereir de 1988, ao passar, em Itaboraí, pela estação de satélites da Embratel, Diogo teve um flash de memória de uma experiência grotesca que tivera quando, logo depois que fora admitido na empresa, em setembro de 1973, participara de testes de aceitação dos sistemas de micro-ondas que uma empresa japonesa, NEC, instalara no tronco Fortaleza - São Luiz.

Foram tres meses de convivência no interior de Ceará, Piauí e Maranhão, viajando de Rural Willys de Fortaleza até

São Luiz, passando por dezenas de cidades pequenas ao longo da rota da Embratel. Durante esse período, Diogo entrara em contato com um interior pobre, onde os moradores não podiam contar com nenhum apoio das entidades públicas para a obtenção de recursos básicos como educação, saúde, moradia, segurança.

Logo no primeiro dia de viajem, chegando a uma estação próxima a cidade de Irauçuba, Diogo foi abordado por um senhor de aproximadamente quarenta anos de idade, acompanhado por sua filha, de doze ou treze anos. A menina, vestindo uma roupa que aparentava velha, suja, com alguns rasgos, manteve-se quieta e com a cabeça baixa, olhando para o chão.– Pois é, moço, vocês da cidade grande não sabem a vida dura que temos por aqui, com dificuldade para tudo e tendo que fazer o que não gostaríamos. Eu tenho outros quatro filhos menores em casa e não tenho como comprar comida para eles; tenho aqui minha filha e gostaria de oferecê-la ao senhor, por 10 cruzeiros, para ficar por uma hora e atender todas as suas vontades – disse o senhor, de supetão, sem apresentar nenhum sentimento de que estava fazendo uma coisa errada.– Fico triste por ouvir tudo isso, mas não posso de maneira alguma aceitar sua oferta – respondeu Diogo, indignado com o que presenciara, e entregando 50 cruzeiros para o pai e sua filha. Tentou, ao máximo, não olhar para o rosto da criança, com medo de nunca o esquecer e se sentir marcado pelo resto da vida.

Poucos dias depois desse episódio, Diogo, comentando com o seu grupo sobre o caso, ouviu de Jorge, motorista da Rural Willys que era morador da região, que ele não recusa essas ofertas: gosta de ver "aquelas coisas peladinhas". Não soube se repreendia o motorista por aquilo ou se calava considerando a realidade da região; de qualquer forma, deixou claro que condenava fortemente essa ação.

Em uma parada em outra cidadezinha no Ceará, para abastecer o tanque do veículo, Diogo ouviu um daqueles carros de som que percorrem as ruas com algum anúncio:

– Convite para enterro: a família de Raimundo Soares comunica seu falecimento e convida a todos da comunidade para a cerimônia de sepultamento que acontecerá amanhã, às dez horas, no cemitério local.

– Tá ouvindo isso? – disse o frentista do posto – O cara foi morto ontem aqui neste posto quando abastecia sua caminhonete. Um garoto de catorze anos apareceu por trás e disparou em seu pescoço uma espingarda de pólvora, cheia de pregos e outros metais. Como a ambulância demorou mais de uma hora para aparecer, ele morreu ali mesmo. Ele é membro de uma família de chefões da região, e por isso ninguém queria mexer com ele; ele teria mandado matar o pai do garoto, que está agora desaparecido. Já deve estar nas mãos da família e vai sofrer uma morte terrível, infelizmente.

Diogo lembrou-se daqueles filmes sobre o velho oeste americano, nos quais as disputas familiares, os famosos *family feuds*, eram muito comuns.

Quando chegaram à cidade de Piripiri, no interior do Piauí, foram todos para uma espécie de pensão e, em um campinho em frente, rolava uma pelada. Como gostava de bater uma bola, Diogo convidou alguns amigos de seu grupo para formarem um time para fazer um joguinho contra.

Ao se aproximarem, viram que estourara uma briga entre dois garotos: um deles, o maior, já havia dominado o outro, e estava, impiedosamente, lhe dando vários socos no rosto, que sangrava bastante. Os outros meninos, em vez de pararem a briga, gritavam para continuar. Diogo, então, intercedeu e tirou o maior de cima do menor, fazendo força para o segurar, já que esperneava e gritava. A briga acabou e o garoto saiu jurando vingança.

– O senhor acaba de arrumar um grande problema – disse um dos rapazes que assistiram a briga – esse garoto é filho do delegado daqui da cidade e faz isso com muita frequência. Dizem que ele inclusive já matou pessoas e continua solto.

Sentindo um calafrio na espinha, Diogo entendeu cada vez mais as regras da região.

Naquela noite, o grupo ficou sabendo que teria uma reunião em um clube da cidade. Logo quando chegou, Diogo percebeu que aquele garoto se escondia atrás de uma pilastra e o observava; para se livrar daquele risco, decidiu voltar para a pensão.

Quando pararam para dormir em uma cidadezinha do Ceará, que ficava no alto de uma serra, entraram num pequeno hotel de beira de estrada, e a dona perguntou para Diogo e seu amigo, Elidio:

– É com "oreia" ou sem "oreia"?

Não entendendo o que aquilo significava, perguntaram para o motorista Jorge, que "com oreia" significa perguntar se você está interessado em ter uma garota para dormir com você. O preço é muito barato. Uns 20 cruzeiros. Ele ainda lhes disse:

– Aqui, só devem tomar cuidado com um mosquito chamado potó, que, quando pousa na gente, não podemos dar-lhe um tapa: se é esmagado, ele solta um ácido que faz um buraco no local. Eles atacam à noite, enquanto dormimos, e o problema é que acabamos dando um tapa inconscientemente. Quando formos em algum restaurante da área, reparem no rosto das pessoas que lá trabalham; muitos têm rostos e braços emburacados.

Os dois amigos entraram no quarto, deram uma olhada na área e não viram nenhum mosquito. Durante a noite, quando acordou para ir ao banheiro, Diogo olhou para o teto do quarto e viu dezenas de potós. Levou um susto e acordou o amigo para lhe mostrar a tragédia. Como ainda eram 2 horas da manhã, combinaram de alternar a vigia. Enquanto um dormia um pouco, o outro espreitava os potós, para que não pousassem neles. Felizmente, acordaram ilesos, porém cansados de uma noite mal dormida.

Ao pararem em uma estação da Embratel, no meio da estrada, perceberam que não saia água das torneiras. Um dos técnicos da região decidiu verificar o nível de água das caixas e, ao abrir a tampa observou que, além do baixo nível de água, boiavam sapos, cobras e outros bichos.

****

Outra coisa que impressionou muito Diogo nessa jornada foi perceber que, em vários lugares, havia pessoas com sérias deformações, geralmente no rosto. Isso incluía o caso de um garoto de mais ou menos dezoito anos, que tinha uma deformação tão séria que o deixara apenas com um olho. No lugar do outro olho, havia um caroço enorme, que avançava para sua testa. Parecia o Quasimodo, personagem do Corcunda de Notre Dame.

Ele perguntou a um colega que era da região se aquelas deformações não teriam um tratamento, como a remoção dos defeitos, e seu colega respondeu que, em muitos casos, sim, mas certamente eram procedimentos caríssimos e que somente pessoas de famílias ricas poderiam arcar com os custos. Soluções através de órgãos públicos, nem pensar. Os outros tratavam de aprender a conviver com o problema.

Durante os três meses que circulou por aquela região, Diogo viveu e presenciou vários outros casos como esses, e até chegou a fazer planos de um dia escrever um livro sobre essa saga.

Quando Beatriz chorou no banco de trás do carro e uma da crianças pediu para fazer xixi, Diogo voltou para o presente.

CAPÍTULO 3

Já eram quase 5 horas da tarde quando a família chegou em Arraial do Cabo. O resto do percurso até a chegada foi como se esperava: tediosos engarrafamentos ao longo das pequenas cidades do caminho, motoristas cortando pelo acostamento, carros na contramão se espremendo no outro lado da pista e, ainda, as crianças perguntando a cada quinze minutos quanto tempo faltava para chegar.

A viagem, normalmente feita em duas horas, levara quase seis. O trânsito se agravava pelos blocos de carnaval que ocupavam as ruas. Ao chegarem, ainda sofreram com a demora dos caseiros em trazer as chaves da casa, o que serviu como um golpe de misericórdia nos corpos doloridos.

Embora os caseiros soubessem que a família vinha para passar o carnaval, a casa, como sempre, não estava limpa como se esperava. Antes de ajeitar as roupas nos armários, Grace tinha sempre que dar uma limpeza geral, e Diogo tinha sempre que realizar o ritual de chegada, que começava pela verificação do nível de água nas caixas d'água e acabava em uma revisão geral, para ver se algo estava faltando. Era muito comum naquela região que as casas de praia fossem roubadas pela molecada local, mesmo com a supervisão de caseiros.

Os caseiros eram duas figuras hilárias. Noel era preguiçoso e não muito inteligente. Enquanto cortava a grama do jardim, usando uma cortadeira elétrica, gostava de parar, a cada 5 minutos, para dar uma olhada para ver se Diogo ou Grace olhavam seu trabalho, dando uma "bufada" para mostrar que estava trabalhando duro. Mas, no fundo, era uma pessoa boa. Sua mulher, conhecida por Dona Nilzinha, era bem mais inteligente que o marido, e adorava falar besteiras.

Num sábado, quando Diogo e Grace, depois de tomarem algumas caipirinhas, resolveram ir para o quarto para fazer sexo, e por pura bobeira não trancaram a porta do quarto, Dona Nilzinha simplesmente abriu a porta do quarto, com alguma desculpa esfarrapada e, claramente, demonstrou ter tido como objetivo verdadeiro ver o casal nu e fazendo sexo. Diogo teve vontade de voar em seu pescoço e lhe mandar embora, mas teve que "engolir o sapo", considerando que precisava dela e seu marido para a manutenção da casa.

Noel, por várias vezes, tentou convencer Diogo para visitar sua igreja evangélica algum dia, para assistir a um culto pregado pelo pastor, mas desistiu depois que ele deixou bem claro que não se interessava por religião e não possuía intenção alguma de mudar de ideia. Diogo, sem querer estender muito a conversa, só advertiu o caseiro a tomar muito cuidado caso o pastor pedisse muito dinheiro. Comentou com ele o caso da irmã de um amigo do Rio de Janeiro, que depois de receber a herança de seu pai, que incluía um apartamento em Laranjeiras, um carro novo e mais de 50 mil dólares em dinheiro, doara tudo para uma igreja evangélica. Havia sido levada para a igreja por uma amiga, depois que ficou psicologicamente abalada com a descoberta de que seu namorado de mais de tres anos era casado e tinha 2 filhos. Como tinha mais de 21 anos e não era incapacitada intelectualmente, a família não poderia fazer nada para reverter as doações, segundo os advogados consultados. Disseram que, além de tudo, as leis do Brasil protegem fortemente essas igrejas.

Noel ouviu a estória com os olhos arregalados, mas foi correto ao dizer:

– No meu caso eles não têm nada para me tomar, exceto a doação de 10% do meu salário que faço todo mês.

Por mais que não fosse bonita ou bem decorada, a casa era grande e tinha quatro quartos, e Diogo sempre teve planos de investir nela e transformá-la em um lugar decente, como gostava de dizer. Seu sonho era poder comprar o terreno do vizinho e ali construir uma morada com piscina, campinho para futebol, churrasqueira, ou seja, tudo aquilo que era típico das casas de veraneio das famílias de classe média mais favorecidas. Afinal, fazia parte do status convidar os amigos para fins semana em lugares assim, e era uma boa forma de mostrar um comportamento de sucesso; mas, também era muito bom poder curtir com amigos e famíliares um churrasco de picanha e anchovas, sempre regado com muita cerveja.

A casa, embora ainda não estivesse nesse nível, já era boa o suficiente para se curtir uma semana, e as praias, que faziam parte da história do casal, eram realmente boas, apesar da confusão e do caos que tomavam a cidade durante o carnaval. Coisas básicas como água e telefone, e até eletricidade, eram tão raras naqueles dias que parece difícil acreditar que as pessoas enfrentavam tudo aquilo na maior naturalidade. Contudo, a vida totalmente diferente daquela do cotidiano do Rio de Janeiro tornava aquelas dificuldades mais aceitáveis.

O carnaval de 1988 parecia que seria mais um daqueles odiados por todos, já que a chuva, como se também fosse atraída pelo clima de festa, vinha com toda a força, atrapalhando não só as festividades e a praia, mas, principalmente, causando um dano maior com os desabamentos que provocava na cidade carioca. As mortes, provocadas por desabamento dos morros ou por barracos e casas soterradas por toneladas de terra, eram sempre contadas às dezenas e até mesmo às centenas nesses anos de chuvas mais persistentes.

– Parece que vamos curtir um bocado deste carnaval dentro de casa – disse Diogo, desanimado, olhando pela janela naquela manhã de domingo e vendo a chuva escorrer pela janela. Como sempre acontecia em dias de chuvas torrenciais, faltava luz e a padaria da esquina não pode fazer o pão francês quentinho, sempre adorado pela família.

– Isso para mim é um sofrimento – resmungou Grace – você sabe que, para mim, Arraial só vale para curtir a praia. Se tivermos que ficar dentro de casa até o outro fim de semana, eu prefiro voltar. Pelo menos lá não temos falta de luz ou água, e minhas coisas estão todas no lugar. Além do mais, a televisão pega muito bem, e assim poderíamos assistir ao desfile das escolas de samba. Isso se a chuva permitir que os desfiles aconteçam.

– Concordo – respondeu Diogo – vi na televisão ontem que o tempo deve melhorar a partir de terça-feira; é a ironia dos céus conspirando contra o carnaval. Os antigos vão dizer que é castigo de Deus, porque o carnaval é "coisa do diabo" – completou, rindo.

Ficar em casa vendo TV ou lendo um livro não era exatamente o programa ideal nesse tipo de viagem, mas foi assim que se arrastaram os três primeiros dias, com a chuva castigando por todos os lados. As escolas de samba no Rio desfilaram debaixo d'água, e o espetáculo, que é anualmente o centro das atenções de todo o país, só não foi totalmente arruinado devido à maestria e à riqueza de cores que só as escolas de samba do Rio de Janeiro sabem exibir.

As notícias reportavam repetidamente os estragos que as chuvas provocaram na cidade, mostrando, ao vivo, a desgraça de dezenas de famílias que viram seus barracos – ou até mesmo casas mais firmes –, descerem morro abaixo, como também a perda de entes queridos. Essas reportagens já se tornaram rotina no Rio de Janeiro nessa época do ano, com os governos do estado e do município sempre fazendo promessas decisivas ao longo das encostas dos morros, promessas que nunca são cumpridas. O fato é que aquele carnaval fora uma tragédia.

Quando na quarta-feira de cinzas o dia amanheceu com o sol entrando pelas frestas das janelas, sonolento como se estivesse de ressaca, a alegria retornou à família e todos levantaram animados.

– Vamos logo à praia antes que a chuva volte e nos prenda de novo em casa – disse logo Grace enquanto acordava as crianças no quarto.

As crianças também estavam animadas: o pior de ficarem trancadas em casa são as ordens e reclamações dos pais, que foi só o que ouviram por três dias.

– Vou aproveitar que o tempo melhorou e ligar para minha mãe – disse Grace, já saindo com as chaves do carro – talvez agora eu consiga fazer a ligação lá no Posto Público da Telerj. A Lourdes ficou de ir lá em casa ontem para fazer faxina com a Isaura, e hoje vai na casa da minha mãe para fazer o mesmo. Quero saber como vão as coisas por lá com toda essa chuva; espero que aquele lixo que sempre desce da Rocinha e que fica amontoado lá perto de nossa casa já tenho sido retirado pela Prefeitura.

Grace saiu com o carro para o centro da cidade e Diogo, já sabendo que ela iria demorar, tratou logo de pegar uma bola e chamar as crianças para brincarem no quintal na parte traseira da casa; o gramado, por sua vez, estava encharcado, impraticável. Resolveu, então, ligar a televisão para ver as últimas notícias, enquanto as crianças se distraíam brincando entre si. Duas horas depois, Grace finalmente chega da rua, mostrando que estava cansada.

– Tinham mais de 30 pessoas na fila. Quando eu estava desistindo, depois de quase duas horas esperando em pé, finalmente me chamaram. Falei com a mamãe e tudo parece ir bem. A única coisa que me preocupou é que a Lourdes disse para a mamãe que a Isaura não apareceu na terça-feira, como havia prometido. Quando ela diz que vai fazer alguma coisa, pode cair o céu que ela cumpre o combinado; alguma coisa deve ter acontecido.

– Deixe de se preocupar demais, Grace – respondeu logo Diogo, deitado no sofá da sala meio sonolento – certamente ela resolveu ir com a irmã e as amigas para mais um baile de carnaval na terça e nem se preocupou de avisar. Ela sabia que a Lourdes iria ontem?

– Acho que não – respondeu Grace, sentando-se na poltrona com um olhar aflito.

– Então, vai ver ela resolveu adiar para hoje a faxina, principalmente sabendo que só voltaremos no próximo domingo. Amanhã você liga lá para casa, aposto que vai encontrá-la – disse Diogo, sempre tentando minimizar situações de aparente problema.

– Sei não. Espero que você esteja certo. De qualquer forma, vou ligar hoje mesmo, mais tarde; antes das nove eu chego no posto para ficar na fila, já que fecha as dez. Se ela foi hoje, realmente, pode ser que durma por lá.

– Tá bom, mas, por enquanto, vamos esquecer um pouco disso e curtir a praia. Quando voltarmos, quero passar na peixaria e comprar aquelas anchovas de sempre, para fazermos assadas na brasa, tá legal?

Grace concordou e ajeitou as coisas para irem à praia.

Com o fim do carnaval, muitas famílias já haviam voltado para casa, e Arraial já estava voltando à normalidade, exceto pelo eterno problema de falta de água, anunciado pela CEDAE para durar até o próximo fim de semana. O furacão de turistas deixara suas marcas: lixo empilhado em cada esquina da cidade e bares e mercados vazios de estoque de água, refrigerantes, cerveja e outros produtos básicos. Naquele ano, as consequências pareciam piores; com lama acumulada em muitos pontos da cidade, o aspecto de abandono era maior e mais desanimador.

A praia, marcada pela ressaca do mar, estava com a areia muito suja, com latas vazias, sabugos de milho e papéis esparramados por todos os lados. Ainda assim, estava cheia, e as pessoas se espremiam em trechos menos sujos para curtir o sol.

Mal a família se ajeitara na areia quando Grace comentou, com preocupação:

– Não consigo parar de pensar na Isaura. Ela nunca deixaria de ir lá em casa sem pelo menos dar um telefonema para mamãe avisando que mudou os planos.

– Dá para você esquecer um pouco isso para começarmos a curtir a praia? Afinal, é você quem mais gosta disso, e, se ficar assim, vai estragar nosso dia. Você vai ligar lá para casa e logo mais tudo estará esclarecido. Ela vai atender o telefone, dizer que mudou os planos de faxina para hoje e tudo vai sair como imaginei: tenho sempre razão. – respondeu Diogo, rindo, muito embora, no fundo, ele já tivesse também um pouco de preocupação. Sabia que o argumento de Grace fazia sentido, mas ele precisava ter uma postura mais calma; Grace estava grávida e, se aquele estresse continuasse, ela poderia sofrer um terceiro aborto.

– Até parece – respondeu Grace, com um tom de deboche – não vou esperar até as nove da noite para ir ao posto, pois se você estiver certo, o que eu duvido, mas até torço para que seja verdade, ela vai atender se eu ligar ainda de tarde, porque é o horário que ela estaria por lá, já que só volta à noite para a Penha. Se eu ligar mais tarde e ninguém atender, ficarei mais nervosa ainda e não vou conseguir dormir. Logo que saírmos da praia, lá pelas três horas, cuido das crianças em casa, deixo o almoço engatilhado e vou para o posto.

– Mas e a anchova que vamos comprar na saída da praia? Você adora. Se você for ao posto às 4 horas, só vai sair de lá depois das 6 e, até lá, o peixe já esfriou e perdeu toda a graça.

– Do jeito que estou preocupada, nem vou curtir o peixe. Vamos deixar para comer amanhã, quando já tivermos a resposta, está bem?

– Está bem, mas, pelo menos até as três horas, promete que vai curtir numa boa a praia comigo e as crianças?

– Prometo – disse Grace, com um ar pouco convincente. Até a hora de ir, ela tentou se mostrar calma e aparentava curtir a praia; foi à água com as crianças, comeu camarão no espeto, mas, no fundo, parecia não ver graça como via nas outras vezes. Quando já eram duas da tarde, nuvens pretas se formaram no horizonte, trazendo ventos frios, e Diogo então cedeu à esposa:

– Não acha melhorar irmos logo embora? O sol já está sumindo e vai ficar frio para as crianças.

Sua pergunta não precisou de resposta: Grace já foi logo se levantando e começando a tirar a areia das toalhas

– É, vamos embora. Praia sem sol para mim não tem graça.

Mal chegaram em casa e Grace correu logo para a cozinha, ajeitou um almoço rápido com salada e macarronada, clássicos para situações emergenciais, e saiu logo para o posto telefônico.

A fila no posto estava, como de costume, dando volta na rua. Ela estacionou o carro na primeira vaga que achou e correu logo para dentro. Pediu a uma senhora para marcar seu lugar na fila e entrou no escritório para perguntar à telefonista de plantão quanto tempo estavam demorando as ligações para o Rio de Janeiro. Voltou um pouco mais animada quando ouviu da funcionária que as linhas estavam boas e que não devia demorar mais que uma hora para chegar sua vez.

Quando finalmente conseguiu fazer a ligação, deixou o telefone tocar mais de 20 vezes, rezando para que Isaura atendesse, mas não conseguiu nenhuma resposta. Falou com a telefonista novamente e pediu para que discasse o número de sua mãe.

– Mãe, por acaso a Isaura ligou para você avisando alguma mudança nos planos? – perguntou, afobada, assim que sua mãe atendeu ao telefone.

– Não – respondeu logo sua mãe, sem entender o motivo de tanta afobação – Você pediu que ela me ligasse caso isso acontecesse?

– Não pedi, mas tenho certeza de que é isso que ela faria.

– Então você não deve se preocupar tanto; afinal, é carnaval, e Isaura é uma moça jovem e solteira: deve ter caído no samba – argumentou, quase que repetindo as palavras de Diogo, também não querendo fazer muito alarde.

– É, foi isso que Diogo me falou, mas acontece que ela não apareceu lá em casa hoje. Já é quarta-feira, o carnaval já acabou e ela não tem nenhum motivo para deixar de ir trabalhar, pelo menos depois do almoço, você não concorda?

– Em parte sim, mas, mesmo assim, penso que a Isaura ainda está no clima do Carnaval e deve aparecer amanhã. Para te deixar mais tranquila, vou pedir à Lourdes, que está aqui em casa hoje, para amanhã dar uma passadinha na casa dela e saber como ela está, ok? Depois ela me telefona e me conta o que apurou, e amanhã à noite já devo saber de tudo. Enquanto isso, vai curtindo sua viagem. Como está o tempo por aí? Já saiu o sol?

Grace mal respondeu a última pergunta, mas teve que concordar com a proposta de esperar até amanhã.

– Está bem. Amanhã te ligo de volta.

A volta para a casa, embora durasse apenas 5 minutos de carro, foi tempo suficiente para Grace imaginar todos os possíveis males que pudessem ter acontecido com Isaura. Desde um acidente de trem ou de ônibus até algo relacionado aos desabamentos. Afinal, onde ela morava na Penha, pelo que ela contava, era um lugar alto, próximo de um morro. De repente, uma ideia maluca veio a sua cabeça: Isaura falava, de vez em quando, de voltar para o Piauí, e que sua mãe parece que herdara algumas vacas magras de um parente que falecera e constantemente chamava as filhas para retornarem, para ajudarem com a fazenda. Contudo, a própria Isaura sempre dizia que isso não era nada que justificasse a sua volta, e, também, se ela resolvesse voltar, certamente não seria assim, de uma hora para outra, sem avisar ninguém. De qualquer maneira, a essas alturas, essa seria até uma alternativa mais desejada do que as outras para explicar seu desaparecimento súbito.

Quando Grace entrou em casa, colocando o carro na garagem, Diogo veio logo com ar de quem acertara as previsões:

– Já sei. Está fazendo esta cara fechada só para não reconhecer que eu tinha razão... certo, amoreco?

– Errado, mais uma vez o maridinho está errado, pelo menos no plano em que imaginou – respondeu Grace, firme, explicando o que tinha acontecido e contando a ideia de sua mãe – vou ligar de novo amanhã para mamãe e saber das novidades. Continuo achando que algo ruim aconteceu.

– Está bem, não foi exatamente como eu imaginei, mas deve ser algo parecido. Vamos esperar até amanhã, e então não tem como deixarmos de saber o que realmente aconteceu. Provavelmente, ela vai dizer que estava se sentindo mal na terça-feira, decidindo ficar na casa da irmã para descansar e ir para nossa casa na quinta ou na sexta. Talvez nunca vá querer admitir que prorrogou seu Carnaval.

– Você não conhece mesmo a Isaura. Ela pode fazer tudo menos inventar mentira para não trabalhar. Aliás, ela adora dizer claramente quando não quer fazer determinadas coisas, já se esqueceu disso?

– É, pode ser.

O tempo nublado que voltou a fazer naquela quinta-feira cortou a empolgação de que os bons dias de praia haviam retornado. Pelo menos não estava chovendo, e deu para curtir um pouco, ainda mais com a anchova na brasa alegrando um pouco aquela família. As crianças, já podendo brincar no quintal menos encharcado, estavam muito mais alegres do que nos dias que ficaram enfurnadas em casa.

Grace mal esperou o final da tarde para correr para o posto. A fila não estava tão grande como nos dias de carnaval, visto que muitos já haviam partido.

– Mãe, e aí, a Lourdes já ligou dando notícias? – perguntou, aflita, logo que sua mãe atendeu.

– Ligou sim – respondeu sua mãe, com uma voz desanimada – eu não entendi muito bem a estória que a Lourdes contou, mas disse que foi ontem na casa da Isaura e conversou com uma moça que estava lá, acho que era uma das que moram com ela também. Ela disse que, na segunda-feira de carnaval, um moço baixinho e de boné esteve por lá dizendo que era motorista de uma empresa de ônibus, acho que de ônibus frescão, de nome Viação Real, e que vira a Isaura ser atropelada por um carro em Nova Iguaçu.

Ao ouvir aquele relato, Grace teve a nítida sensação de que iria desmaiar. Encostou-se na parede da cabine apertada e desconfortável onde estava, respirou fundo e continuou ouvindo.

– Parece que a irmã foi para Nova Iguaçu naquele mesmo dia ou no dia seguinte, não entendi bem, tentando saber mais detalhes sobre o atropelamento, mas parece que até hoje, pela manhã, quando Lourdes esteve lá, ninguém sabia nada sobre o assunto, pois a irmã de Isaura não estava na casa. De repente, ela encontrou a Isaura internada em algum hospital e ficou com ela, não? – completou, tentando evitar uma situação de pânico total na filha sem antes saberem o que realmente acontecera.

– Eu sabia que tinha coisa ruim nessa história! A Lourdes, quando contou a história, não disse se aquele cara deu mais detalhes sobre o acidente? Se ela ficou muito ferida, se morreu, sei lá o quê? Não deu nenhuma outra informação que dê uma pista sobre o estado dela?

– Olha, pelo que ela contou, nem a moça com quem falou sabe direito da história, já que o cara comentou o caso somente com a irmã da Isaura. Lourdes também ficou muito impressionada com essa história toda e ficou de voltar hoje à noite, para ver se a irmã já apareceu com novidades. Até lá, não temos nada para fazer senão esperar. Eu até dei uma olhadinha nos jornais de ontem e hoje para ver se tem alguma notícia de Nova Iguaçu sobre atropelamentos com morte. Mas os jornais desses dias de carnaval têm tantos casos de mortes, principalmente com esses desabamentos nos morros, que eu não vi nada que pudesse ter alguma coisa a ver com essa história.

– Sabe o que vou fazer? Vou falar com Diogo e vamos embora amanhã cedo para o Rio, não quero ficar aqui com esse negócio de ligar para você toda hora. Essa história, além de me preocupar pela própria Isaura, me preocupa também pelo fato de ela ter as chaves lá de casa, retrato de todas as crianças em sua carteira, e, se bobear, tem até o nosso endereço em algum pedaço de papel. Para algum maluco acabar pegando as chaves e o endereço não custa nada, principalmente se souber que não estamos por lá.

– Não seja exagerada, Grace, ainda não sabemos nada dessa história e você já está pensando em pessoas estranhas entrando na sua casa. Acho que o Diogo não vai gostar dessa história de voltar mais cedo, porque logo na segunda-feira ele volta ao trabalho e os três filhos maiores vão para a casa da mãe. Você sabe o quanto ele adora ficar nessa casa com as crianças, não sabe? Fique por aí como planejaram e, na segunda, toda essa história já estará esclarecida.

– Na segunda pode ser tarde demais, mãe. Vou mesmo falar com Diogo para irmos embora amanhã.

– Mas o que vocês vão fazer aqui para esclarecer esse mistério? Não vai me dizer que está pensando em ir para Nova Iguaçu correr atrás da irmã da Isaura. Ninguém sabe se estão mesmo por lá e, se estiverem, em qual hospital vocês procurariam? – perguntou, evitando falar em necrotérios, ou até mesmo em polícia, para não agravar o nervosismo.

– O que vamos fazer eu não sei, só sei que não dá para ficar aqui, ainda mais sem o sol para ir à praia. Talvez, devêssemos mesmo ir até a Penha para conversar com alguém da casa delas e tentar saber mais sobre o caso. Sua irmã já pode ter aparecido com mais notícias. Se for preciso, vamos mesmo até Nova Iguaçu, Poderíamos até ir procurar o tal cara. Ele não disse que era motorista da Viação Real? Não seria difícil de achar.

– Espera um pouco, vocês não estão pensando em sair por aí dando uma de detetive, né? Esse é um mundo podre e cheio de malandragens que nem você nem o Diogo conhecem, nem de longe. Afinal, vocês estão acostumados com escritórios limpos, onde as coisas acontecem direitinho. Deixe isso para quem está acostumado com esse métier. Aliás, não sei por que já estamos indo tão longe nessa história se nem sabemos ainda o que realmente aconteceu.

Grace percebeu que aquela conversa não acabaria do jeito que ela gostaria. Despediu-se fingindo concordar e voltou correndo para casa.

– Da próxima vez, é melhor você pensar duas vezes antes de duvidar do meu sexto-sentido – falou vitoriosa ao entrar em casa. Diogo, que no fundo já estava esperando ser provado errado, recostou-se na poltrona da sala, preparando-se para ouvir o pior. Ela contou tudo que soubera de sua mãe, acrescentou suas preocupações e concluiu que deveriam voltar para casa no dia seguinte, cedo.

– Não sei direito o que conseguiremos de informações, mas acho que deveríamos pelo menos visitá-las na Penha para tentar conseguir informações. Não precisamos dar uma de detetives, mas, se não encontrarmos uma resposta convincente, podemos procurar a polícia. Você não tem uns amigos policiais, delegados?

– É, tenho alguns amigos na polícia, mas isso é a última coisa que espero ter que fazer. Em primeiro lugar, quero lhe dizer que, se tivermos que ir a algum lugar, eu irei sozinho. Não quero a senhora com essa barriga de três meses andando pelos subúrbios do Rio atrás da Isaura, está bem? – perguntou com firmeza e continuou – vamos também esperar mais uns dias para ver se a poeira abaixa, mas eu concordo com você de que devemos ir embora logo, porque me preocupa a possibilidade dele estar com as nossas chaves. De repente, esse cara, motorista não sei de onde, não tem nada a ver com Nova Iguaçu; Vai que ele mora em outro lugar, no Rio mesmo, e contou aquela história para nos despistar, enquanto ele vai lá para casa e faz a festa. Qualquer um entra e sai daquele prédio.

– É, eu não pensei nisso, mas acho que você pode estar certo desta vez. Eu só sei que a Isaura é muito esperta e não cairia em qualquer conversa.

A notícia de que a família anteciparia a volta não agradou nada às crianças. A choradeira foi geral; aquela casa representava a chance que tinham de curtir um pouco mais de espaço. Quando o tempo estava bom, com as idas para a praia, aí mesmo é que se sentiam soltos, bem diferente da vida dentro de um apartamento que levavam no Rio. A mãe, morando na Tijuca, muito raramente tinha disposição para levá-los a praia, e o pai, mesmo morando em São Conrado, só gostava mesmo da de Arraial do Cabo. De qualquer forma, as crianças tiveram que se contentar em voltar, não teria outro jeito.

CAPÍTULO 4

A volta naquela sexta, pela manhã, foi fácil, já que quem não voltara na quarta-feira de cinzas só deveria fazê-lo no próximo domingo. Antes do meio-dia já estavam chegando em casa. Grace entrou correndo no apartamento com dois sentimentos apertando seu peito: não encontrar Isaura trabalhando e perceber que tudo fora remexido por alguma visita indesejável.

Se por um lado a casa estava arrumada como Lourdes deixara na terça-feira anterior, por outro, não havia nenhum sinal da presença de Isaura. Entrou no armário do quarto de empregada e nada encontrou que pudesse ajudar no mistério, a não ser uma caderneta de poupança e, dentro, uma nota de 500 cruzeiros; todos os seus outros documentos ela levara, inclusive a carteira de trabalho. Todas as suas roupas estavam no armário, excluindo, portanto, a hipótese de que ela teria voltado para o Piauí.

– Por medida de segurança, a primeira coisa que vou fazer é chamar um chaveiro para trocar as chaves desta casa – disse Diogo, após ter dado uma completa revista – ela tinha chave só da porta da cozinha ou da porta da frente também?

– Ela e a Lourdes só costumavam andar com a chave da cozinha. Olhe na porta da frente para ver se tem uma chave lá na fechadura. Se tiver, ela então só deve ter levado uma, mesmo.

Diogo sentiu-se um pouco aliviado ao perceber que a chave da porta da frente estava realmente na fechadura. Pegou logo o catálogo de páginas amarelas e começou a procurar um chaveiro que operasse naquela área. Quando encontrou, ligou e pediu que viesse o mais rápido possível.

– O que você está pensando fazer? – perguntou Grace.

– Vamos primeiro ligar para sua mãe para saber se Lourdes já trouxe alguma novidade. Ela não ficou de voltar lá hoje pela manhã e de contar para sua mãe o que apurou? Se ela não conseguiu saber nada de novo, estou pensando em ir na Penha. Mas só eu, a senhora fica aqui em casa. Você tem o endereço?

– Acho que sim. Não sei se já deu tempo de ela ir lá e ligar para a mamãe. O endereço, ou pegamos com a Lourdes ou posso dar uma olhada nos papéis da Isaura no armário dela, acho que vi umas contas de luz no nome dela e que devem ser da casa. Vou ligar logo para a mamãe para saber.

Lourdes já ligara para sua mãe mas não acrescentou nada à história que contara no dia anterior. A irmã da Isaura já retornara, mas, tal como a outra moça moradora da casa, não estava presente na hora. Ela soube por uma vizinha, que a informou que não tinha ninguém em casa e ainda a perguntou se sabia o que acontecera com a loirinha baixinha, completando ao dizer que as moças só retornariam à noite.

Depois de encontrar uma conta de luz de Isaura em seu quarto, na qual havia o endereço, Diogo foi logo a caminho, encontrando a casa; era realmente perto de um morro, nos fundos de uma vila. Tocou a campainha e foi logo recebido pela irmã de Isaura, Solange, que ficou bastante espantada ao vê-lo em sua porta. Já o conhecia de uma ou duas vezes que estivera em seu apartamento em visita. Diferentemente de Isaura, tinha os cabelos compridos e naturalmente pretos. Parece que era sua meia-irmã, filhas apenas da mesma mãe. Via-se logo que era mais jovem e com mais desenvoltura que Isaura.; Diogo não se lembrava bem de seu rosto e, como esperava ver uma mulher parecida com Isaura, ficou um pouco sem saber se estava no lugar certo. Mas foi ela que logo o reconheceu:

– Olá, seu Diogo. Que surpresa ver o senhor aqui! Não repare na nossa casa não... é casa pequena, mas o senhor sabe né, a Isa cuida dela muito bem.

O fato dela ter dito "a Isa cuida" e não "a Isa cuidava" já deu uma certa sensação de alívio e de esperança de boas notícias. Também não se lembrava que a irmã e as amigas chamavam-na de Isa. Será que isso significava que ela já a encontrara? Não quis ir direto ao assunto para não ser descortês. Olhou em volta e começou a reconhecer alguns dos eletrodomésticos, similares aos seus.

Solange apresentou uma outra moça, de nome Manoela, que estava sentada na pequena sala e que, a julgar pela expressão que apresentava, as notícias não eram nada boas como pareceu à primeira vez, acabando com aquela breve esperança. Ela informou, então, que Manoela era uma das amigas que moravam com elas, e que teria sido a última pessoa a falar com Isaura por telefone no sábado.

– Isso foi sábado à tarde – começou Manoela, acanhada – Isa ligou para cá e disse que só viria para irmos aos desfiles de blocos na cidade na segunda-feira. Não quis saber do baile que teria aqui no bairro, sábado à noite, no clube. Eu disse para ela que já tinha uns convites que meu namorado arranjou, mas ela não deu nem bola. Sabendo como ela é, cabeça dura, nem insisti.

– Mas e a história do cara que esteve aqui na segunda dizendo que ela teria sido atropelada em Nova Iguaçu? Como foi? Vocês conseguiram saber mais alguma coisa sobre isso?

– Isso é a Solange quem sabe, foi com ela que o moço conversou.

– Pois é – Solange assumiu a conversa – na segunda-feira, tentamos ligar para a sua casa, onde Isa trabalha, para saber a que horas ela viria para saírmos. O telefone tocou, tocou, mas ninguém atendeu, e pensei que talvez já estivesse vindo e fiquei esperando. Logo em seguida, tocou a campainha; abri a porta e vi aquele rapaz, baixinho, de boné, perguntando se era aqui que a Isa morava. Respondi que sim e ele veio com toda aquela história de que vira a Isa ser atropelada em Nova Iguaçu e que ele a ajudara a ir para um hospital; ela, então, teria dado nosso endereço para ele vir avisar. Ele falou do hospital municipal mas, na hora, fiquei tão surpresa e paralisada com aquela história que não me preocupei em pegar mais detalhes, como saber como estava seu estado, por que não ligara para a vizinha, como costumava fazer, como ela havia parado em Nova Iguaçu com aquele cara que eu nunca tinha ouvido ela mencionar, e outras coisas mais que eu deveria ter perguntado. Só me lembro que ele disse também que era motorista da Viação Real e dirigia ônibus frescão. Quando percebi, ele já tinha desaparecido da mesma forma misteriosa que apareceu.

– Mas e nessas suas idas à Nova Iguaçu, o que conseguiu saber? – Diogo perguntou, percebendo que sua ida à Penha não acrescentaria em nada no que já sabia.

– É, logo depois que ele saiu, me refiz do susto e procurei logo Manoela para lhe contar tudo. Fomos na casa da vizinha e pedimos para ligar de novo para o trabalho da Isa, e nada conseguimos, ficando apavoradas. Como eram ainda 2 da tarde e Isa poderia chegar aqui até as 3, resolvemos esperar. A noite chegou e nada. Começamos a acreditar que a história daquele desgraçado poderia ser verdade, e o pior: pela cara dele, parecia que ele não tinha contado tudo. Foi aí que resolvi ir à Nova Iguaçu no dia seguinte, pois já estava de noite e eu não conheço nada daquelas bandas. Na terça e na quarta, rodei em todos os hospitais e delegacias de polícia daquela área e não encontrei nada. Havia realmente várias vítimas de acidentes de carro e de atropelamentos, mas nada a ver com a Isa. Muita gente esfaqueada e com ferimentos de tiros; uma coisa horrível andar por aqueles hospitais nos dias de carnaval, é gente acidentada por todos os lados. A maioria ainda aguardando por ser atendida, jogada nos corredores e até mesmo deitadas no chão.

'Nas delegacias, é realmente impraticável se saber alguma coisa. Quem está por lá, teoricamente trabalhando, não dão nem bola para a gente, principalmente quando veem que se trata de gente pobre. Ontem desisti de hospitais e delegacias e comecei a correr também nos necrotérios. Fui ao IML de Nova Iguaçu e é aí mesmo que a coisa é de dar pena. Nunca pensei, quando viemos do Piauí para cá, que as pessoas fossem tratadas tão mal por aqui também. Pensei que isso fosse apenas coisa do Nordeste, mas aprendi que por aqui também valemos tanto quanto o gado que negociamos por lá.

– E nada também nos necrotérios, né? – atalhou Diogo, ansioso por saber o resultado de sua investigação.

– É, felizmente nesta parte também não achei nada. Também não foi fácil percorrer toda aquela região sem conhecer, andando de ônibus, ficando em filas para saber qualquer informação e sendo maltratada por funcionários públicos. É de doer, viu? – completou, de cabeça-baixa, transparecendo um certo desânimo na busca de informações sobre a irmã.

Diogo voltou para casa praticamente do jeito que saíra: sem novas informações. Sabia que Grace, sem novidades, ficaria ainda mais nervosa. Ele combinara com Solange que iriam aguardar alguns dias para ver se algo novo aparecia. O único caminho parecia ser encontrar aquele homem baixo de boné; havia prometido à Solange, de qualquer forma, que procuraria seus amigos da polícia, pedindo alguma ajuda.

Tinha tocado naquela hipótese já pouco provável de Isaura ter voltado para o Piauí, o que a irmã também considerou improvável, embora deixasse transparecer que ela via aquela opção com bons olhos, diferentemente do que demonstrava à Grace.

Por ouvir experiências de outras pessoas em casos de desaparecimento de familiares, Diogo já sabia que a polícia não dava muita bola para esses casos, se o desaparecimento fosse por poucos dias. Não sabia exatamente quantos dias, mas iria logo investigar, entrando em contato com um amigo delegado. Lembrou-se também que nos casos de desaparecimento de pessoas que vieram de outras regiões, principalmente Norte ou Nordeste, a primeira coisa que a polícia considerava era mesmo a hipótese de terem retornado às origens sem dar muita satisfação para os que por aqui ficaram.

No fundo, ele mesmo tinha pavor de ter que contar com auxílio de polícia, porque sua própria experiência, quando lhe roubaram um carro alguns anos antes, fora terrível. Teve de dar dinheiro para um subdelegado da área onde seu veículo fora encontrado, em Coelho da Rocha, todo depenado, para se ver livre dele. O que mais lhe deixara possesso foi o fato de que ele nunca lhe perguntara nada sobre os assaltantes, só queria saber como Diogo iria contribuir para a "reforma da subdelegacia". Passou, inclusive, a ir ao seu trabalho, na antiga empresa, cobrando a contribuição. Depois de alguns dribles, resolvera lhe dar uma quantia relativamente pequena para se ver livre daquela presença desagradável.

– E então, o que descobriu? – perguntou logo Grace quando Diogo abriu a porta, já com a nova fechadura.

– Infelizmente nada de muito novo. Falei com a irmã da Isaura. Nem me lembrava mais que ela tinha cabelos pretos e longos, e ela me contou aquela história que já sabíamos pela Lourdes. A única novidade é que já esteve por três dias rodando por Nova Iguaçu, em hospitais, delegacias e até necrotérios, sem nenhum sinal da Isaura.

– Mas e aí? Elas não sabem de mais nada sobre esse caso? Sobre o motorista, qualquer coisa?

– Parece que não. Estavam concentradas naquela informação de Nova Iguaçu e até agora foi tudo o que a Solange tentou. Agora só nos resta esperar uns dias para ver se algo novo surge. Segunda-feira vou ver se acho aquele delegado, conhecido meu, para trocar algumas ideias com ele. Vamos ver o que ele me sugere... já sei que vai me pedir para aguardar uns dias mais, principalmente pelo fato de a Isaura ter vindo do Nordeste e até pelo fato de ser carnaval, quando muita gente desaparece e só volta para casa uma semana depois.

– É, vamos esperar.

– Segunda-feira já é março e você recomeça seu trabalho, e eu volto ao meu lá na empresa, então temos que ter cabeça fria para encararmos nosso dia a dia. Portanto, vamos ter que nos controlar e deixar que fatos novos venham à tona por si. Do contrário, além de não resolvermos o caso, vamos ainda nos prejudicar em nossos empregos. Beatriz tem que voltar para a creche, você tem que buscá-la lá no final dia, etc. Tudo volta a ser como "dantes no quartel de Abrantes" – falou, tentando quebrar o gelo.

CAPÍTULO 5

Março começou sem que as chuvas desaparecessem. Aliás, era mesmo nesse mês que as chuvas de verão costumavam ser mais fortes e destruidoras, e, naquele ano, as coisas pareciam que seriam como nos piores anos do passado.

Diogo procurou o telefone do delegado, seu amigo, Jair, e logo na segunda-feira, cedo, ligou para ele. Na época, trabalhava na Secretaria de Segurança do Estado, estando muito próximo ao Secretário de Estado. Era uma posição com alguma importância estratégica dentro do mundo da polícia civil, já que por ali passavam interesses de todas as delegacias da área. Tendo ocupado cargos importantes, Jair era bastante conhecido entre eles.

Após os habituais papos de início de conversa, principalmente de conhecidos que não se falavam há algum tempo, Diogo entrou no assunto:

– Na verdade, estou ligando para lhe pedir um conselho de como agir em uma situação muito desagradável que estamos vivendo lá em casa.

– Não vai me dizer que você também tem alguém na família que foi sequestrado? – Jair perguntou – desculpe-me te interromper, mas o fato é que, ultimamente, tenho sido procurado por amigos com problemas de sequestro de algum membro da família ou de algum conhecido próximo. Você deve estar acompanhando nos jornais que a "indústria do sequestro relâmpago" é atualmente o negócio mais lucrativo deste país. Está rendendo mais que o jogo-do-bicho e talvez até mesmo que o tráfico de drogas. Todas essas notícias que andam dando nos jornais de que existem vários policiais envolvidos são pura verdade. Estamos cortando um dobrado para tratar com os bandidos e com os mau elementos de nossa corporação.

– Não é nada de sequestro, Jair. Felizmente ainda não fui premiado nesta roleta. Também não tenho dinheiro que justifique; os sequestradores teriam muito trabalho para pouca coisa.

– Esse é que tem sido o maior problema ultimamente, Diogo. Os desgraçados estão agora aplicando o que já está sendo conhecido como "sequestro relâmpago". Sequestram um filho de um pequeno empresário, ou de um diretor de uma boa empresa, e levam para um lugar que pode ser até público, como um restaurante, como aconteceu no último caso. De lá, alguém liga para o pai avisando que o filho está com eles, que não avise a polícia, e que querem apenas, por exemplo, US$20.000. Avisam também que tudo deve ser rápido e que deve estar concluído até o final da tarde. A ideia é não pegar pessoas muito conhecidas para não despertar o interesse voraz da imprensa, nem no começo nem após o término de toda a operação, e também pedir uma quantia relativamente pequena que qualquer empresário de porte médio pode levantar em algumas horas, mesmo que tenha que recorrer a alguns amigos, parentes, etc. Você mesmo, não seria capaz de arranjar US$20.000 em um dia para salvar seu filho?

– É verdade. Eu também daria um jeito e acho que conseguiria em um dia arranjar esse dinheiro. Mas deixe-me logo lhe explicar o que está acontecendo lá em casa – atalhou logo Diogo, que já conhecia a mania de Jair de contar seus casos policiais. No final, ele sempre era como uma "freira num puteiro", o único policial honesto em todo o país, e sempre o herói da história.

Diogo tentou resumir toda a história, com as informações que tinha até aquele dia. A resposta de Jair foi exatamente a que ele já antecipara para si e para Grace: em se tratando de desaparecimento de pessoa que tinha vindo do Nordeste e, principalmente, por ter acontecido no Carnaval, ele deveria esperar algum tempo para ir à polícia. E, quando fosse, não devia mencionar o motorista do ônibus. Deveria apenas procurar a delegacia do seu bairro e informar que a sua empregada desaparecera, que não dava notícias há muitos dias e que deixara todos os seus pertences em sua casa.

Inicialmente, ficara surpreso com aquela orientação, mas depois aceitou quando Jair lhe disse que devemos sempre dar as informações mais simples possíveis para a polícia, para evitar complicações para nós mesmos. Parecia estranho, mas, em se tratando de polícia, tudo era possível. Ele lhe assegurou que, se precisasse de mais alguma força no caso, era só ligar.

Aquela primeira semana de março se arrastou sem que nenhum fato novo aparecesse. Solange ligou algumas vezes para saber de notícias da polícia, e para manter o casal informado sobre o que se passava por lá, o que não era muito. Ela retornara um certo dia à Nova Iguaçu apenas para andar pelas ruas de maneira meio perdida, na esperança de algum milagre acontecer e alguma luz cair sobre o caso de sua irmã. Fizera, inclusive, um contato com um parente do Piauí, pedindo a ele que, se por um acaso soubessem de alguma notícia da Isaura, ligasse para avisar. Para não assustar o pessoal do Piauí, inventou uma história de que ela teria resolvido viajar pelo Nordeste e que tinha sido chamada para um emprego. Se não fosse encontrada em uma semana, iria perder a oferta.

No sábado seguinte, o tempo melhorara um pouco e o Flamengo, time de Diogo, estava treinando o campo da Gávea, próximo de sua casa. Ele queria aproveitar a oportunidade para levar Fábio, filho de seu primeiro casamento, para ver o time treinar e, principalment ver o Zico treinando faltas e, quem sabe, mudar a cabeça do menino que apresentava uma certa simpatia pelo Fluminense, time de sua mãe, que, mesmo sem ser muito ligada em futebol, dizia-se tricolor. Na quarta-feira daquela semana havio levado Fábio para ver um jogo do Flamengo contra a Friburguence, quando Flamengo ganhou de quatro a zero, com dois gols do Tita, mas nenhum do Zico. Como Diogo tinha "enchido a bola" do Zico para impressionar Fábio e o Zico não marcou nenhum gol, ele saiu de lá mais impressionado com o Tita. Voltaram logo para casa e, ao abrir a porta da cozinha, Diogo encontrou Grace sentada com cara de quem havia "visto assombração".

– O que aconteceu, Grace?

Com voz trêmula, ela começou a explicar o que acontecera, poucos minutos antes dele abrir a porta:

– Acabei de receber um telefonema de um cara dizendo que matou a Isaura, que tinha fotos das meninas, que estava com as chaves aqui de casa, que tinha o nosso endereço e que a próxima que ele vai matar sou eu – respondeu, de uma vez, e continuou falando quase como que um autômato – tinha voz de quem é realmente maluco e bem capaz de cumprir suas ameaças. Pelos detalhes que ele deu da Isaura, ele a conhece mesmo e, pelos documentos, fotos, chaves que pegou dela, ele realmente sabe onde ela está. Ou então, realmente a matou e está com todos os seus objetos.

Diogo estava tão assustado quanto sua esposa. Sentou-se na primeira cadeira que viu, respirou fundo e pediu à ela que se acalmasse. Pediu também que se lembrasse de todos os detalhes da ligação, pois ali poderia ter alguma pista sobre o caso. Grace, por sua vez, não se lembrava de mais nada da conversa. Ficara tão assustada que não conseguira raciocinar direito para tentar lhe fazer algumas perguntas e, quando ele disse que sua próxima vítima seria ela, teve mesmo vontade de desligar o telefone e sair gritando por socorro. Foi sorte que Diogo chegara logo em seguida.

– Ele falou alguma coisa em ligar de novo? – Diogo perguntou, inconformado com a hipótese de perder alguma chance de pegar informações.

Quase que respondendo a sua pergunta, o telefone tocou. Grace se assustou e comentou, com voz trêmula:

– Vai ver que é ele novamente. Atende você o telefone.

Diogo se apressou em atender e escutou, do outro lado da linha:

– O senhor é que era o patrão da Isaura? – disse uma voz, que realmente parecia de uma pessoa desequilibrada ou mesmo bêbada, mas que, ao mesmo tempo, demonstrava certa tranquilidade.

– Sim, sou eu – Diogo respondeu com voz firme, mas também tentando transmitir um pouco de confiança –Você a conhece?

– Eu conhecia sim. Aliás, como eu já falei para a sua esposa, eu matei a Isaura no domingo de carnaval.

– Mas por que você fez isso, rapaz? Ela era uma moça muito boa. Todos gostavam dela – respondeu, procurando dar um ar de tranquilidade a sua voz e cativar a simpatia do sujeito.

– É, eu sei, só que comigo ela não foi muito legal não. Eu a conheci um dia lá na Central, quando ela ia para o subúrbio.

Batemos um papo no trem e ela me deu o telefone do trabalho. Mas não quis ir para minha casa como a convidei naquele dia... aquela baixinha era mesmo tinhosa, né? No sábado de carnaval, eu liguei para convidar ela para irmos num baile lá perto de casa, mas ela me disse que não ia sair, que ia ficar aí na sua casa arrumando as coisas e tal. Eu até acreditei nela, mas, no domingo pela manhã, quando eu ia pegar o trem, eu vi ela na estação, conversando com outro rapaz. Parecia que estavam se despedindo e que tinham estado juntos naquele dia. Fiquei com uma raiva danada dela e compreendi que ela era como todas as outra mulheres que conheci antes, sempre me fazendo de bobo. As mulheres são todas ingratas. Esperei que o rapaz se afastasse e me aproximei. Ela levou até um susto quando me viu. Perguntei para onde ia e ela me respondeu que ia para a casa da irmã. Foi aí que joguei toda minha lábia nela e convidei ela para ir comigo no Barra Shopping, num cinema de lá. Falei que nós iríamos almoçar por lá, assistiríamos a um cineminha e depois ela poderia voltar para a estação e pegar de novo o trem. Ela até me deu o endereço, lá na Penha.

Diogo estava realmente impressionado com a riqueza de detalhes, a boa memória e a boa capacidade de coordenação de ideias que aquele provável assassino apresentava. Deixou-o continuar sua história.– Pegamos um ônibus que vai para o Barra Shopping e, quando o ônibus parou ali no primeiro posto de gasolina que tem na Avenida das Américas, eu a convidei para saltarmos para darmos umas voltinhas pelas matas que existem ali atrás do posto. Ela aceitou. O senhor sabe, né? De uma boa cantada ninguém escapa. Descemos ali e logo convenci ela de irmos para um matinho que tinha por lá. Logo que chegamos lá eu a fiz deitar, como se eu fosse trepar com ela e tirei de minha bolsa uma marretinha que sempre carrego comigo. É uma marretinha daquelas que todo motorista costuma carregar. Aí, eu bati na cabeça dela com a marreta. Dei umas três marretadas e pareceu ficar morta. Saí dali bem escondidinho, procurando não ser visto pelo pessoal do posto, e dei no pé.

Diogo estava horrorizado com tudo o que estava ouvindo. Ou ele era realmente um assassino maluco ou era um excelente contador de histórias. Os detalhes e a forma fria que narrava aquela cena macabra eram realmente de impressionar. A única vantagem nisso tudo era que estava tentando juntar peças para o que já imaginava que seria uma complicada busca a esse maluco. Em apenas dois ou três minutos estava sabendo tudo o que acontecera com a Isaura e que todos estavam tentando saber há mais de duas semanas.

Antes mesmo que pudesse disparar alguma outra pergunta que trouxesse mais informação, o assassino voltou a falar:

– No dia seguinte, fiquei preocupado de ela não ter morrido e voltei lá. Quando cheguei, achei ela lá ainda viva, gemendo, e, quando ela percebeu que eu tinha voltado, me agarrou pelo braço e pediu ajuda. Eu aí tirei a minha marretinha da bolsa e dei mais três marretadas na cabeça dela, e dessa vez eu fiquei lá mais um pouco, até ter certeza de que ela tinha morrido mesmo. Aquela baixinha era mesmo dura e teimosa, até para morrer me deu trabalho.

Diogo já não sabia mais se continuava ouvindo aquela narração sádica e macabra ou se desligava o telefone para vomitar, mas precisava ser forte para arrancar o máximo de informações daquele maluco.

– Mas por que está me contando toda essa história agora? Do que adianta eu saber de tudo isso se ela já está morta? – perguntou já desanimado e querendo interromper aquela descrição sádica e detalhada.

– É porque eu queria que o senhor fosse lá e pegasse o corpo dela para enterrar. Eu acho que ela merece um enterro normal. É só o senhor ir lá perto de um posto de gasolina, o primeiro da Avenida das Américas, entrar no matagal que tem atrás do posto e ir até a única árvore que tem na área. Como isso tudo foi a alguns dias, o corpo dela deve estar meio estragado, mas ainda dá para enterrar. O senhor vai lá procurar?

– Vou sim – respondeu Diogo, mais para continuar conquistando a simpatia dele para tentar obter mais informações – qual é o seu nome, rapaz? – Ah, isso o senhor sabe que eu não posso dizer... mas eu talvez volte a ligar – e desligou o telefone.

Durante todo o tempo em que Diogo esteve ao telefone, Grace esteve sentada por perto, olhando para seu rosto e tentando pegar o assunto. Felizmente, não tivera a ideia de ouvir a conversa pela extensão do telefone na sala; se tivesse ouvido todos aqueles detalhes sádicos, teria tido uma crise nervosa e já estaria passando mal. Somente quando ele mencionou que Isaura já estava morta, ela deu um grito assustado.

Ele, então, colocou o telefone no gancho e, com o rosto mais pálido do mundo, tentou repetir para Grace tudo que ouvira. Omitiu alguns detalhes que ele contara, principalmente o fato de ter retornado lá no dia e terminado seu "serviço". Ela o ouviu apavorada.

– Como a Isaura pôde cair na conversa de um cara como esse? Ela era muito esperta para cair numa cantada dessas. O fato de ela não querer sair com ele quando ele ligou no sábado, pela história que você contou agora, já mostra que ela estava tentando evitá-lo. E isso dela estar na estação de trem no domingo não bate com o que ela me disse que faria: ela só iria para a casa da irmã na segunda, e ficaria aqui no domingo.

– Isso não me impressiona. Ela pode muito bem ter acordado no domingo e resolvido ir até a casa da irmã. Afinal, ela não tinha nenhum compromisso com a gente no domingo e, como iria voltar na terça-feira, poderia botar o serviço em dia. O que realmente me surpreende, e nisso eu concordo contigo, é como uma moça desconfiada como era a Isaura pôde cair nisso. Essa história dele levar ela para o mato é realmente dura de engolir. Se bem que, apesar de tudo que sabemos dela, nunca podemos saber a que ponto uma pessoa pode chegar, quando é iludida por alguém de boa conversa. Esse cara, até pelo jeito manso de falar ao telefone, certamente enganou ela e pode mesmo ter chegado aonde disse que chegou. Depois de quase duas semanas sem notícias dela, só posso achar que esse cara está contando a verdade. Não sei se da forma louca que contou, mas certamente ele tem a ver com o desaparecimento dela.

– E agora, o que vamos fazer? – Grace já começava a aceitar a dura realidade de que Isaura estava morta, e ficava cada vez mais desesperada ao pensar que a próxima poderia ser ela mesma. Diogo sentiu calafrios quando ela repetiu a ameaça do assassino.

O que começava a preocupar mais era a frieza do sujeito: parecia mesmo um profissional nesse assunto e certamente essa não teria sido sua primeira vez. Estava claro que era um psicopata, mas que também já ganhara bastante experiência nesta arte macabra, E certamente já sabia como escapar da Polícia, o que aliás não era nada demais, considerando-se a incompetência e alto índice de corrupção que bem marcavam a Polícia do país.

– Eu não tenho a mínima ideia. A única coisa que me vem à cabeça é ligar para o Jair e lhe contar tudo. O diabo é que só tenho o telefone de onde ele trabalha e, como é um escritório burocrático do Estado, só vou encontrar alguém lá na segunda-feira. Acho que com toda essa história já dá para ir à uma delegacia dar parte. O problema é que o Jair me recomendou a não dar muito detalhes, mas agora, com tudo isso que acabamos de ouvir, e principalmente com essa ameaça que esse cara fez a você, não vejo como omitir todos esses detalhes.

– Eu também acho. De minha parte, já estou completamente apavorada com essa história e não sei como vou ficar sozinha nessa casa de agora em diante. Não vou mais pegar Beatriz na creche às cinco e vir para casa de taxi, como tenho feito, vou direto para a casa da mamãe. Quando você sair do trabalho, passe por lá e me pegue. Não quero ficar sozinha até que esse cara seja preso.

Diogo fez que sim com a cabeça, concordando com o que ela estava propondo; de fato, ficar exposta seria um risco muito alto.

– O cara disse que talvez volte a me ligar. Espero que da próxima vez eu consiga saber mais alguns detalhes sobre ele, onde ele está, onde mora.

Naquele sábado, foram para a cama mais tarde, depois de reverem com detalhes todos os últimos passos da Isaura antes da viagem para Arraial, levantando hipóteses de quem poderia ser esse maluco. Queriam lembrar-se de algum comentário que ela pudesse ter feito sobre ele. E o outro sujeito que estava na estação com ela, quem seria?

Isaura era mesmo muito reservada em sua vida particular e não era de falar muito de seus namorados. Raramente fazia algum comentário, somente quando algum deles ligava para casa e Grace atendia o telefone. Ela sempre fazia um rápido comentário sobre o rapaz, sem maiores detalhes e até mesmo sem dizer nomes. E agora que estivera por mais de um ano trabalhando em outro local, só retornando recentemente, Grace não tinha a menor pista sobre seus prováveis namorados.

Pela conversa que Diogo tivera com sua irmã naquela semana, nem ela sabia da existência desses dois. Pensou logo em ligar no domingo cedo para a vizinha para falar com a Solange e contar as novas informações. Podia ser que ela, juntando as peças, pudesse trazer alguma luz sobre o caso e até mesmo alguma pista que pudesse levar ao assassino.

Naquela conversa toda, lembrou-se de que não perguntara a ele se teria ido à Penha, na segunda-feira de carnaval, para contar sobre o falso atropelamento em Nova Iguaçu. O suspeito dissera que, nesse dia, teria voltado ao local do crime para acabar de matar Isaura. Ao lembrar desse detalhe, pensou naquele dito popular: "o assassino sempre volta ao local do crime". Por tudo que acumulara de informações até o momento, parecia claro que fora ele mesmo que batera na porta da casa de Solange; de qualquer maneira, Diogo queria confirmar, caso ele ligasse.

A situação de terror que o casal vivia servira, pelo menos, para os unir: Grace buscava proteção nos braços de Diogo. Naquela noite, fizeram amor de maneira mais forte e intensa, como se seus corpos tivessem de se fundir em um único, para melhor proteção.

O domingo amanheceu como os outros dias daquele verão chuvoso. Parecia até que nunca mais viriam dias ensolarados, como é de se esperar no Rio de Janeiro. Quando o casal se levantou, depois de mais uma noite mal dormida, já eram mais de nove horas da manhã. Todos estavam muito cansados, até mesmo as crianças, embora alheias a tudo que acontecia.

De agora em diante, havia uma grande expectativa de uma nova ligação: cada vez que o telefone tocava, era uma mistura de medo e esperança. Naquela manhã, tocou duas vezes, mas era apenas a mãe de Grace atrás de novas informações. Lourdes ligara para ela pedindo novidades, e foi orientada pelo casal para que, a partir desse momento, ligasse diretamente para eles, para aliviar a mãe daquela tensão.

Aos domingos, a família sempre saia para almoçar fora, já que não havia empregada para fazer o almoço. Já quando terminavam de se preparar para sair, o telefone tocou mais uma vez.

– O senhor já resolveu se vai pegar o corpo da Isaura?

– Sim, vou pegar – Diogo respondeu com firmeza, querendo transmitir tranquilidade – mas ainda não entendo por que um rapaz como você, que parece ser uma pessoa de bom coração, pôde fazer isso com Isaura.

– Eu já falei para o senhor que ela, como todas as outras mulheres, foi muito ingrata comigo. Eu odeio essas mulheres que me enganam. Eu vim lá de Campos, do norte do estado do Rio, depois de já ter matado quatro mulheres por lá. Todas me traíram como a Isaura. Mas eu sempre arranjava um jeito de me vingar delas. Na última, inclusive, que morava sozinha, quando fui na casa dela para matar, ela estava com uma filha de uns dois anos, e aí fiquei com pena de deixar aquela criança sem mãe e resolvi acabar com a menina também.

Diogo estava realmente espantado com a tranquilidade daquele assassino, agora claramente um psicopata, e preocupado com a alta periculosidade que ele apresentava para sua família.

– E você sempre mata as mulheres do mesmo jeito que matou Isaura, com uma marretinha?

– Ah, é sim. Acho que é uma forma simples e que a pessoa não sofre muito. Eu tenho raiva delas mas não quero que elas sofram tanto. A menina de dois anos eu também matei assim, e, no caso dela, foi até melhor, porque ela estava dormindo e nem viu nada do que estava acontecendo. Desde que vim lá de Campos aqui para Caxias, já matei outras cinco. Aqui é bem mais fácil porque a cidade é bem maior e fica difícil de me acharem. Lá em Campos, como não é tão grande como aqui, eu já estava com medo de ser pego pela polícia. Sem bem que esses policiais por aqui são tão vagabundos que sei que nunca vão me pegar. Diogo teve um sobressalto quando o sujeito comentou sobre onde morava: era a primeira pista sobre seu paradeiro. Embora pudesse ser falsa, a espontaneidade dele o fazia acreditar.

Ele realmente tinha razão quando dizia que a polícia não era competente o suficiente para pegá-lo, o que o fazia agir com uma certa dose de despreocupação. O fato de ele matar as moças e, pelo menos no caso da Isaura, fazer contato com as pessoas da família ou com quem teria relação com ela, deixava isso claro.

De repente, ele mudou de assunto:

– O senhor sabe que eu estou com as chaves de sua casa e tenho aqui comigo uma foto de suas duas filhas, certo? Uma pena que não tivesse nenhuma foto de sua esposa, mas, sabendo onde vocês moram, não é difícil para mim saber como ela é – afirmou com um tom de deboche, mas também com uma dose de ameaça. Parecia gostar de praticar aquele jogo sujo, no qual ele, anônimo, dava as cartas, dizia o que lhe convinha, e fazia certas ameaças para confirmar a sua posição de controle da situação.

– Quanto às chaves da casa, é claro que já troquei a fechadura. Sobre a foto de minhas filhas, se você tinha realmente consideração por Isaura, eu lhe peço que rasgue e jogue fora. Ela tinha grande amor por essas crianças e, de onde estiver, ficará contente em saber que você não as incomodou – arriscou, como uma forma meio desesperada, de quem está à mercê de um assassino invisível, de livrar as crianças de qualquer possível ameaça. Evitou falar em Grace pois qualquer coisa que dissesse sobre ela poderia piorar a situação. Talvez poderia ir pelo lado de que ele não teria nenhum motivo para matá-la, já que todas as mulheres mortas foram suas ex-namoradas que, de alguma forma, teriam feito alguma coisa que o magoara. Mas a ideia agora era evitar qualquer conversa nesse assunto; com o raciocínio doentio daquele indivíduo, ele podia até esquecer sua promessa com Grace.

– O senhor é muito esperto, né? Já trocou as chaves da casa e agora me pede que jogue fora o retrato das crianças. Vou pensar no caso.

Diogo, então, resolveu arriscar uma pergunta mais audaciosa, sem muita convicção de que receberia uma resposta:

– De onde você está me ligando agora? Para sua surpresa, ele respondeu:

– Agora estou te ligando daqui da Central do Brasil, mas já tenho que ir – e desligou o telefone.

Diogo ficou por alguns momentos repassando aquela conversa, procurando se lembrar de todos os detalhes para uma posterior declaração à polícia. De repente, lembrou-se de que ele falara sobre a incompetência policial, e pensou se todo o esforço valia a pena. Teve a ideia, então, de contratar um detetive particular para investigar o caso, mas logo pensou que isso poderia ser uma faca-de-dois-gumes, pelo que já ouvira contar. Os que são cem por cento eficientes e honestos só deviam existir nos seriados de televisão. Os do Brasil deviam ser, além de incompetentes, pouco confiáveis, podendo virar contra quem os contratou, tentando extorsão.

– E aí? O que esse maluco falou desta vez? – Grace perguntou, ansiosa por novidades.

Ele contou para Grace toda a história que ouvira, omitindo apenas o trecho em que matara a menina de dois anos. Essa notícia só serviria para deixá-la ainda mais alarmada, não só pelas meninas gêmeas e o garoto, mas também por Beatriz, tão nova ainda.

– Quer dizer que ele está há anos matando moças por aí e até hoje a polícia não botou a mão nele? Podemos, então, concluir que estamos 100% nas mãos desse maluco e só nos resta rezar para ele sair do nosso pé e procurar outra moça inocente, que dê bola para ele e depois se transforme em mais uma de suas vítimas. Se ele realmente só matou ex-namoradas, começo a me sentir um pouco mais aliviada. Talvez a ameaça seja só para impressionar, você não acha?

– Foi exatamente o que pensei, queria até perguntar isso para ele, mas achei melhor não dar muito papo sobre você, para ver se ele te esquece.

– É, talvez essa seja a melhor estratégia. De qualquer forma, por enquanto, vou continuar indo direto do trabalho para a casa da minha mãe.

– Concordo com você. Amanhã, vou ligar para o Jair e contar isso tudo para ele. Já sei que vai comentar sobre várias histórias parecidas com essa, nas quais ele, de alguma forma, foi o herói entre policiais desonestos. Só vou ficar preocupado se ele me aconselhar a realmente não contar nada desses detalhes na delegacia; se for por aí, eu nem vou lá.

A família foi para o tradicional almoço de domingo em um restaurante na Barra da Tijuca. Pelo caminho, o casal se assustava com qualquer homem baixo usando boné que por eles passava. Além disso, tentavam ver a Isaura em qualquer mulher baixa, com cabelos pintados de loiro; mas agora, com as últimas notícias, essa paranoia com ela começava a se desfazer.

CAPÍTULO 6

Diogo apressou-se na segunda-feira de manhã em ligar para o Jair. Por sorte, encontrou-o chegando em seu escritório.

– Vish, rapaz, isso é um caso complicado, um assassino em série, *serial killer*. Por tudo o que você me falou, esse cara realmente matou essa moça. O difícil é saber se foi exatamente como ele contou e onde ele disse que aconteceu. Esses caras, além de serem psicopatas frios, são também verdadeiros artistas em matéria de inventar história. Gostam de fantasiar as coisas do jeito que gostariam que acontecesse. Eu me lembro... – e então, começou a contar um caso parecido, que ocorrera também em um subúrbio do Rio, no qual ele certamente teve participação importante no final feliz.

Diogo ficou ouvindo toda aquele papo sem prestar muita atenção: mais da metade era, muito provavelmente, mentira e fantasia. Parecia que não só os bandidos, mas também os policiais gostavam de fantasiar as coisas, certamente do jeito que gostariam que tivesse acontecido. E, antes que Jair começasse com uma outra narrativa, atalhou:

– E aí? Você acha que devo agora ir à delegacia dar parte, ou me restrinjo a dizer que a moça desapareceu, como você me aconselhou da outra vez?

– É, acho que agora já está na hora de ir à delegacia sim. Já se passaram mais de duas semanas que a moça saiu de casa sem dar notícias. Acho que, disso tudo que você contou, o que mais me preocupou foi a ameaça à Grace. Isso pode complicar mais. Imagina, só imagina, está bem, que esse maluco consiga mesmo matar sua esposa. Sabe o que vai acontecer se você omitir essa parte no seu depoimento? Vão logo achar que o assassino é você, e não só o assassino dela como da empregada. Diogo ficou estupefato com o que acabara de ouvir; sabia que ele tinha uma mente fértil, mas nunca pensou que chegaria àquele ponto. De qualquer maneira, resolveu explorar a linha de Jair:

– Como eu poderia ser acusado do assassinato da Isaura se eu estava todo o tempo em Arraial do Cabo com minha família? Foi nesses dias que ela desapareceu.

– Eu sei que você tem um álibi bom, mas podem vir com uma história de que você contratou alguém para matá-la. Afinal, não sabemos exatamente em que dia ela foi morta. Enquanto o corpo dela não for encontrado e uma necrópsia for feita, não vamos saber exatamente quando, onde e como ela morreu. E, nessa situação, todos, inclusive você e eu, somos possíveis assassinos.

– Está bem, Jair. Essa ideia está ficando sem pé nem cabeça, vamos parar por aqui. Só me diga o que devo declarar quando eu for à delegacia e pronto – disse, de forma decidida, querendo cortar aquela conversa mirabolante.

– Você vai procurar a delegacia da sua área, na Gávea, ali na Praça Santos Dumont, e fazer a seguinte declaração: desde que retornaram de Arraial do Cabo, na sexta-feira depois do carnaval, ou seja, há mais de 10 dias, a empregada que mora com vocês não apareceu mais em casa, deixando roupas e algum dinheiro por lá. Fale também que ontem esse cara ligou para a sua casa dizendo que matou a moça e que depois mataria sua mulher. Eu sei que ele ligou no sábado, mas é melhor dizer que foi ontem para evitar que fiquem pensando que você demorou dois dias para procurar a polícia.

– Você não acha melhor contar logo toda a verdade, Jair? Se já é difícil para a polícia achar assassinos quando todas as informações são apresentadas, imagina quando não sabem de tudo?

– Acho que você não devia se preocupar com isso de a Polícia pegar esse cara, porque provavelmente não vai acontecer mesmo. Só se ele der uma bobeira muito grande e, praticamente, se entregar, o que também imagino que não vá acontecer. A minha maior preocupação no momento é livrar você de qualquer suspeita.

– Espera aí, Jair. Estou querendo resolver o caso de um assassinato de nossa empregada, que já virou ameaça para minha mulher e minhas filhas, e você vem me dizer que agora devo me preocupar em não virar o bandido da história? Desculpe-me a sinceridade, mas eu não esperava mesmo grandes coisas da polícia, mas o que você está me dizendo é um absurdo

– Não é bem assim, Diogo... – tentou remediar Jair, sendo logo interrompido por Diogo

– Além do mais, tenho certeza de que Grace não vai concordar com essa sua linha. Já sei que vai querer que eu vá à delegacia e conte tudo que eu sei, tintim por tintim. Vai ficar morrendo de medo se eu contar a verdade pela metade e a polícia descobrir. Você não acha que isso seria realmente mais perigoso?

– Olhe, Diogo, estou apenas tentando lhe passar a minha opinião. Afinal, foi para isso que você me procurou, não foi?

– Desculpe-me, Jair. Eu realmente lhe peço desculpas pelo meu comportamento. Eu sei que você só está querendo me ajudar, mas essa história toda está me deixando meio maluco. Grace já não dorme direito e eu, que tenho conversado com o cara no telefone e ouvindo todas aquelas atrocidades, já estou também perdendo o controle, confesso.

Despediram-se, e Jair mais uma vez se prontificou a ajudar em qualquer situação que se fizesse necessária.

No caminho para casa, depois de buscar Grace na casa de sua mãe, Diogo contou a conversa que tivera com Jair. A reação dela foi exatamente como previra:

– Eu não concordo com essa ideia do Jair. Acho que isso pode nos colocar em uma situação de risco de sermos realmente acusados de envolvimento neste caso. É um absurdo que estejamos vivendo todo esse drama e ainda não podemos ir à polícia para contar todos os fatos. Afinal, para que pagamos os impostos? A polícia ser incompetente para achar esse assassino maluco eu até entendo, mas daí para tentar simplificar as coisas e virar tudo contra nós é realmente de doer.

– Olha, não seremos nós que vamos, agora, com esse caso da Isaura, mudar tudo o que está acontecendo de errado neste país. Estou realmente preocupado em resolver este caso, mas também tenho que me preocupar com a nossa segurança, já que estamos no meio desse fogo cruzado. Também não gostei dessa ideia doida do Jair, e amanhã cedo vou àquela delegacia na Gávea para depor. Vou até pedir a eles que deem uma busca no lugar onde o sujeito disse que matou a Isaura e deixou o corpo dela, lá na Barra.

No dia seguinte, Diogo deixou Grace com Beatriz na creche e voltou para ir à delegacia. No caminho, reconfirmara para Grace de que iria mesmo contar toda a verdade. Chegando lá, encontrou aquele ambiente presente constantemente: burocracia lenta, paredes sujas, funcionários preguiçosos e sempre prontos a atender com displicência.

Apesar de ter chegado cedo, antes das 9 horas da manhã, já havia três outras pessoas na sua frente, fazendo também declarações de fatos ou incidentes. Diogo foi finalmente atendido lá pelas dez horas e meia, e o funcionário que datilografava era realmente um terror. Usava aquelas máquinas de escrever antigas que, vira e mexe, duas ou mais alavancas que imprimiam uma letra subiam juntas e ficavam agarradas. Além de se mostrar completamente desinteressado na história, já que ouvir casos policiais era sua rotina de trabalho, era um péssimo datilógrafo, fazendo daquilo tudo um verdadeiro martírio.

Diogo pensava que, com os detalhes que possuía, , e principalmente pelo fato do homem ter dito que matara várias mulheres a marretadas, iria despertar o interesse do tal escrivão, que logo chamaria um detetive para mencionar o caso, mas logo percebeu que o papel dele era somente ouvir o relato do depoente e pronto.

Quando acabou seu relato, Diogo perguntou se não poderia falar com o delegado. Queria levar adiante a possibilidade de mandar alguém procurar o corpo de Isaura.

– O doutor delegado só chega depois do meio-dia – respondeu um funcionário de maneira mecânica e sem levantar a cabeça, sentado a uma mesa lendo o jornal – às vezes, ele só aparece na parte da tarde, lá pelas 3 horas.

Olhou para o relógio e, como ainda faltava mais de uma hora para o meio-dia, ainda com chance de o delegado demorar, resolveu ir embora para o trabalho, antes, porém, pegando o telefone do gabinete do delegado. Isso só foi possível depois que comentou que era amigo de Jair.

Aqueles estavam sendo anos bicudos para a economia do Brasil, afetando de forma mais intensa empresas de pequeno porte como era a de Diogo. A alta inflação reinante, decorrente do fracasso do plano cruzado do Presidente Sarney, tornava o dia a dia dos gerentes um verdadeiro inferno. De qualquer forma, ele tinha que ter cabeça fria para administrar aqueles problemas e continuar procurando respostas para o caso.

Foi o próprio delegado que atendeu o telefone quando Diogo ligou para a delegacia, as três e meia da tarde:

– Gabinete do delegado – respondeu uma voz pouco amigável do outro lado.

– Gostaria de falar com o senhor delegado.

– Já está falando. Diogo se identificou como um engenheiro, ex-funcionário de uma grande estatal, e atual empresário de uma pequena empresa de informática. Queria, com isso, mostrar a ele que não era um João-ninguém, pois sabia que a chance de um desses conseguir algo com a polícia era zero.

Evitou, nesta primeira conversa, mencionar o nome de Jair. Queria testar seu próprio poder de convencimento, deixando-o como carta na manga, se necessário. Contou resumidamente o que declarara mais cedo ao datilógrafo e perguntou se ele poderia mandar alguns detetives ao lugar onde o corpo da Isaura poderia estar.

O delegado começou levantando algumas dificuldades, como o fato daquela área onde o corpo poderia estar não pertencer ao seu distrito, que estava com algumas dificuldades por falta de veículos para o pessoal sair em missões externas, como também a questão da decomposição do corpo pelo tempo, já passado de quase duas semanas, atraindo urubus pelo mau cheiro. Queria, com isso, dizer que, se estivesse realmente naquela área tão próxima da estrada, já teria chamado a atenção de alguém, até do próprio pessoal do posto de gasolina. Mas, de qualquer forma, prometeu ver o que seria possível de se fazer, pedindo para que lhe ligasse no próximo dia para saber de notícias.

Diogo se despediu agradecendo e até pensando que havia uma certa lógica no raciocínio do delegado. Como não esperava uma reação melhor ou mais animada por parte dele, resolveu esperar até o próximo dia para ver o que aconteceria.

****

Chegaram tarde em casa aquela noite, depois da passada pela casa da mãe de Grace para apanhá-la, juntamente com Beatriz. Naquele dia, Diogo teve que ficar até tarde no trabalho, só podendo buscar a esposa depois das dez horas da noite. Quando passou pela casa da sogra para pegá-la, ela já dormia no sofá com a filha no colo. Aquela era realmente uma situação bastante desconfortável para todos. Quando chegavam em casa, Grace ainda tinha que preparar o jantar para o marido, que se recusava a jantar na casa da sogra, apesar dos convites frequentes.

No caminho para casa, Grace estava ainda tão sonolenta que Diogo preferiu esperar até chegarem em casa para contar tudo que acontecera.

– E aí? Como foi toda aquela conversa lá na delegacia? – ela perguntou enquanto passava um bife, com cara de sono.

– É, eu fiz tudo aquilo que combinamos. Contei tudo que sabemos, com todos os detalhes. Mas o funcionário da delegacia que datilografou tudo que eu falei, era apenas um burocrata, um escrivão, que agora vai passar o caso para outro grupo, acho que para o delegado e depois para os detetives. Falei hoje à tarde com o delegado para ver se ele poderia mandar alguém lá na Barra, mas ele já colocou um monte de dificuldades. De qualquer forma, ficou de estudar essa possibilidade e me pediu para ligar amanhã. Não acredito que ele faça alguma coisa de imediato, mas vamos esperar. Se for preciso, dou uma ligada para o Jair para ele dar uma força.

– Esse Jair é um papo-furado, Diogo. Não acho que vá ajudar em alguma coisa. Esse não é aquele mesmo que você e o seu sócio chamaram quando levaram aquele golpe da laranja na firma de vocês?

– É, ele mesmo. Mas, nesse caso, como não tem policial envolvido no crime, espero que ele possa nos ajudar; afinal, é o único que conheço na polícia civil – disse, meio sem graça, sabendo que, no fundo, Grace tinha razão.

O golpe da laranja era, e ainda deve ser, muito comum no Rio de Janeiro e, certamente, em outras cidades do Brasil. Nesse tipo de golpe, há, geralmente, o envolvimento da polícia civil. Uma ou duas pessoas compram uma firma pequena, geralmente usando documentos falsos, que tenha bom nome na praça e que já esteja operando há alguns anos. Normalmente, compram com uma pequena entrada e se comprometem a pagar o restante algum tempo depois. Procuram não mudar o nome da empresa, mantendo as contas bancárias e contatando os mesmos fornecedores.

Algumas semanas depois que tomam controle, preparam-se para dar o golpe, ou amadurecer a laranja. Fazem várias compras no mercado, com faturas para trinta ou mais dias. Como a companhia possui um passado limpo, os fornecedores não hesitam em fazer trocas comerciais, até porque os golpistas sabem que a maioria deles precisa vender para recuperar o investimento e pagarem suas próprias faturas. Passam três semanas comprando tudo o que for possível, geralmente eletrônicos, computadores, máquinas de escritório, entre outros, e, quando faltam uns poucos dias para o vencimento das faturas, eles simplesmente desaparecem.

Levam toda a mercadoria para um armazém em um local bem escondido e não aparecem mais no escritório. Geralmente, alguns dos empregados são também pegos de surpresa, sem saber o que falar para as dezenas de credores que ligam para cobrar. Depois de alguns dias, todos percebem que mais uma laranja foi aplicada no mercado. Por fim, a mercadoria que os laranjeiros acumulam são rapidamente vendidas para receptores que já fazem parte da rede.

A situação a que Grace se referia fora, na verdade, o segundo golpe que a empresa de Diogo levou desde que fora criada. Neste caso, foram enrolados por um vendedor que, querendo ganhar mais comissão sobre a venda, disse que aquele cliente tinha surgido de um trabalho externo que fizera. A empresa pagava uma comissão maior para esses casos, em oposição à quando um cliente surgia em resposta a anúncios nos jornais.

Depois de ter seu crédito aprovado pelas consultas de praxe, a tal firma comprou para pagamento, em trinta dias, dois computadores e duas impressoras, no valor aproximado de quatro mil dólares. Como o pagamento da fatura não ocorreu no prazo acordado, o cobrador foi procurar a empresa e deparou-se com a cena da laranja que acabara de amadurecer: escritório abandonado, alguns funcionários na porta meio chorosos, e cobradores de vários credores trocando ideias do que poderiam fazer.

Diogo e Roberto, seu sócio, fizeram logo contato com Jair, que naquela época era delegado em uma cidade na baixada fluminense. Ele, já sabendo que estes golpes geralmente envolviam policiais da polícia civil, não deu muitas esperanças para Diogo, mas, como sempre, prometeu fazer o que for possível.

Algumas semanas se passaram e nenhuma novidade chegara, até que um dia, em conversa com um gerente de banco, seu amigo, Diogo contou a história e, por coincidência, ele comentou que achava que sabia quem dera aquele golpe. Contou que tinha uma namorada que trabalhava de secretária de uma firma com escritório na Praça da Bandeira, e que estava desconfiada que era o quartel-general de um grupo de laranjeiros. Como era de se esperar, havia dois policiais civis que faziam parte. Juntando peças, pelos detalhes que Diogo deu e pelo que ela lhe contara, ficou bastante provável que aqueles eram realmente os que deram o golpe na firma de Diogo.

Ele, então, apressou-se logo em contar a descoberta para Jair, dando todos os detalhes do escritório. Esse prometeu que colocaria um detetive para investigar o caso.

O caso parecia muito fácil de resolver: Diogo contava com a ajuda de um delegado amigo, sabia quem eram os criminosos e onde estavam, tudo, enfim, entregue de bandeja para o lado "honesto" da polícia.

Depois de alguns dias, Jair informou que seu detetive estava vigiando o prédio, para ver como era o movimento. Diogo logo lhe perguntou por que ele não iria direto ao escritório onde os suspeitos estavam e fazia uma investigação no local, recebendo como resposta que não era conveniente.

Depois de duas semanas nessa enrolação, Jair veio a sua empresa e lhe disse que fizera uma descoberta sensacional: um dos principais policiais-bandidos que faziam parte da quadrilha estava lotado em sua delegacia.

Ao ouvir isso, Diogo teve a sensação de que iria recuperar o prejuízo, mas logo viu que sua empolgação era precipitada: Jair contou que, com a investigação que fizera com o detetive, já podia concluir que realmente foram eles que deram o golpe na empresa, mas que era também uma situação muito delicada. Explicou que o detetive lhe informou como toda a operação ocorrera e que o lucro já havia sido distribuído por todos os escalões que, direta ou indiretamente, faziam parte daqueles golpes.

Ele sabia que esses escalões iam muito alto, algumas vezes envolvendo até o Secretário de Segurança do Estado, como também o Governador, e não seria, politicamente falando, conveniente que ele remexesse muito aquele caso. Disse ainda que o detetive fizera uma proposta que ele mesmo já havia descartado: que a quadrilha desse um outro golpe em outra empresa de informática, incluindo nele o material roubado de Diogo, devolvendo, então, os equipamentos a sua empresa. Diogo ficou tão indignado com aquela história que, naquele momento, jurou para si que nunca mais pediria ajuda de algum amigo da polícia, mas lá estava ele, novamente, necessitando de amparo.

O casal lembrou que já fazia dois dias que aquele homem não ligava. Diogo não sabia se aquilo era ruim ou bom. Imaginava que o maluco iria querer acompanhar o resultado da busca do corpo da Isaura na Barra. Como não ficavam em casa durante o dia, não sabiam se ele tinha ligado nesse período. Desligara a secretária-eletrônica, temendo que ele a utilizasse para fazer mais ameaças a Grace, ou para contar detalhes que Diogo não achava conveniente que ela tomasse conhecimento.

Era uma sorte grande o fato de que o sujeito não soubesse os telefones de trabalho do casal; seria um completo inferno. De repente, lembrou-se que ele poderia perfeitamente ter o contato da casa da mãe de Grace, já que Isaura tinha aquele número. Mas, como já haviam se passado vários dias desde que ligara, acreditou que não o tivesse. Era um alívio.

Foram dormir cansados de mais um dia de espera angustiante.

Diogo teve que tentar mais de cinco vezes até conseguir falar com o delegado. Depois de muita insistência, conseguiu:

– E então, Doutor? Vai poder mandar alguém para lá? – perguntou no momento em que foi atendido. Na verdade, ficou um pouco surpreso por ter de repetir tudo que contara no dia anterior para que ele lembrasse quem estava falando. Ou ele tinha memória fraca ou haviam tantos casos como o dele que teria razão de não se lembrar de imediato.

– Como eu havia lhe dito ontem, Sr. Diogo, estamos com algumas dificuldades de viaturas e não sei quando vamos poder fazer isso. Não é por má vontade minha não: é por falta de recursos mesmo. Sabe quantos casos tenho aqui de desaparecimento de pessoas que não posso investigar por falta de recursos? Mais de trinta. Isso só nos últimos dois meses. E, pela nossa experiência, em mais da metade desses casos o desaparecido já deve ter retornado para casa, e ninguém se lembra de ligar para a polícia para avisar que podemos fechar o caso. Diogo percebeu que não ia conseguir muita coisa com aquele Delegado. Pensou em mencionar o nome de Jair mas achou melhor não fazer isso naquele momento e sim ligar mesmo para o Jair e ver se ele podia dar uma força.

– De qualquer forma, obrigado. Se o senhor tiver alguma novidade me ligue, por favor. Eu entendo essa dificuldade de recursos; tenho alguns amigos nessa área que já me contaram da dificuldade que vocês passam para cumprirem seu dever. Mal desligou o telefone, contatou Jair. Estava um pouco sem graça de continuar pedindo sua ajuda já que decidira contar na delegacia tudo que sabia, o oposto do que ele o recomendara. Mas, de qualquer forma, não tinha mais ninguém para recorrer, e sabia que ele era realmente muito prestativo, gostava de ajudar os amigos, mesmo que não conseguisse nada de concreto.

– Vou ligar agora para lá e falar com o delegado. Vamos ver o que consigo com ele e te ligo logo de volta. Pode contar com seu amigo Sherlock Holmes.

Não se passaram mais de quinze minutos e ele já ligava de volta. O espírito de corporação funcionara mais uma vez. Contou que a conversa fora rápida e que ele se prontificara a mandar alguém amanhã na Barra da Tijuca. Pediu que Diogo ligasse para ele no dia seguinte, por volta de uma da tarde, para acertarem mais detalhes.

– É claro que ele me pediu de volta um favorzinho aqui na secretaria, mas eu sei que é assim mesmo que as coisas funcionam neste país. Uma mão lava a outra, né?

– Fico te devendo essa – Diogo disse, bem dentro do que Jair esperava ouvir.

Jair tinha alguns amigos na política e, em época de campanha eleitoral, gostava de recorrer a seus colegas empresários para pedir ajuda na campanha, e Diogo era um contribuidor em potencial dos melhores, visto que os políticos gostavam de emitir mala-direta em computadores para eleitores possíveis. Era muito comum conseguirem listas com nome e endereço de funcionários, principalmente da esfera pública, para então enviarem correspondências com propaganda eleitoral. Diogo já sabia que acabara, naquele momento, de fechar esse acordo com ele.

No dia seguinte, em vez de ligar para a delegacia, Diogo resolveu ir direto para lá. Achava que por telefone o delegado poderia lhe dar mais uma embromada, apesar de todo o compromisso assumido com Jair. Seu plano era forçar a situação para mandar alguém no local, como também ir junto com os policiais. Claro que, ao sair de casa pela manhã, não contou para Grace a ideia, que com certeza seria por ela considerada sem lógica.

Seu plano funcionou: eram menos de duas horas da tarde quando chegou com dois detetives em um carro de polícia no local onde o maluco havia dito que deixara o corpo de Isaura. A área era realmente maior do que ele descrevera, e na verdade havia três ou quatro árvores, todas mais ou menos do mesmo tamanho. Diogo começou a achar que o sujeito não dera realmente informações totalmente corretas. Mas. de qualquer forma, aquele matagal parecia realmente um local perfeito para um assassinato.

No caminho, resumira para os detetives a história contada pelo maluco. Eles não pareceram muito impressionados, e demonstravam estar ali apenas cumprindo mais uma missão de rotina. Sabiam apenas que estariam procurando o corpo de uma moça baixinha e loira que, a essas alturas, já deveria estar bem decomposto. Na parada no posto de gasolina, antes de entrar no matagal, perguntaram aos frentistas se tinham notado algum mau cheiro e presença de urubus naquela área nos últimos dias. Eles responderam que não, sem dar muita importância para o fato de dois policiais estarem ali fazendo aquele tipo de pergunta sobre um possível corpo, exatamente a alguns metros de onde trabalhavam. Para Diogo, parecia que todo o mundo encarava aqueles acontecimentos como rotineiros, que não mereciam maior atenção ou preocupação. Só que, para ele e Grace, aquilo tudo era novidade, e eles estavam bem no meio do turbilhão.

Para ele, entrar na mata com dois policiais a procura de um corpo, principalmente de uma pessoa conhecida e estimada da família, era uma experiência tanto terrível quanto excitante. A sensação de, a qualquer momento, tropeçar em um corpo decomposto era uma das piores que já sentira até aquele dia, justo ele, que se considerava muito forte. O matagal era todo alto, aproximadamente na altura da cintura de

Diogo, e não haviam trilhas que conduzissem às árvores, seu ponto de referência.

Um dos policiais sugeriu que fizessem uma espécie de arrastão pela área. Começaram em linha, a uma distância aproximada de vinte metros um do outro, e avançaram.

O coração de Diogo batia acelerado a cada passo que dava sem ver direito onde estava pisando. Não sabia se pisava forte ou de leve, temendo esbarrar no corpo da Isaura. Mas estava aguentando firme toda aquela experiência; era tudo o que precisava fazer para tirar de vez da sua cabeça aquela informação: ou estava ou não estava. Pelo que faziam, varrendo com detalhes aquele matagal, não tinham como deixar de achar o corpo de Isaura, se ali estivesse. De repente, lembrou-se do detalhe do cheiro, respirando mais fundo mas sem sentir nada que pudesse caracterizá-lo.

Subitamente, um dos policiais disse ter tido a impressão que pisara algo que poderia ser um corpo. O coração de Diogo se precipitou mais uma vez quando ele parou e adentrou um pouco mais entre as plantas para ver em que o policial pisara.

– É só um cachorro morto – gritou, deixando em Diogo uma sensação de alívio e de frustração. Se o corpo estava realmente ali, queria logo achá-lo e sair daquele lugar.

Passaram e repassaram a área várias vezes e, ao final da última passada, um deles falou:

– Acho que podemos encerrar essa busca aqui. Se esse cara realmente matou a moça, não foi aqui que deixou o corpo dela. Vamos embora.

Na volta, Diogo procurou o delegado para saber o que iria acontecer de agora em diante, já que praticamente a única coisa que se podia fazer até aquele momento já tinha sido feita e não dera em nada.

– Eu já tinha adiantado para o senhor de que não devia ter corpo nenhum lá, né? Eu espero e até torço que este seu caso seja mais um dos que estamos cansados de ver por aqui. Os familiares acham que a pessoa sumiu ou foi assassinada e, dias ou até meses depois, ela aparece com a cara mais lambida do mundo e dando a explicação mais estapafúrdia do desaparecimento sem deixar notícias.

– É, eu também gostaria que esse fosse o caso, mas não acredito mais nessa hipótese. Com os detalhes que aquele maluco contou de como a matou e o fato de ele estar com documentos dela só me fazem acreditar que ele está falando a verdade. O que vai acontecer agora?– Normalmente, nessa condição, os casos são arquivados. Como você é amigo do Jair, seu caso vai ser enviado para a POLINTER, no centro da cidade, onde eles têm um pessoal mais especializado para investigar situações assim. Não acredito, porém, que estejam assim tão bem equipados para correrem atrás dos certamente centenas de ocorrências que devem chegar lá todos os meses. Mas, de qualquer forma, é o departamento mais especializado para resolver. Vou tratar de enviar todo o seu processo para lá imediatamente, e deve chegar no começo da próxima semana. Vou também ligar para o Wilson Botelho, que é o delegado titular da unidade e pedir a ele uma atenção especial ao seu caso.

Ao ouvi-lo pronunciar o nome de Wilson Botelho, Diogo teve um sentimento de que aquele nome não lhe era desconhecido, mas não conseguia lembrar por completo de onde. Indo para o trabalho, se esforçou para rememorar. Repentinamente, em um estalo, lembrou que faziam ginástica juntos na ACM, e jogavam futebol de salão. A sigla é da Associação Cristã de Moços, que se localiza na Lapa. É uma entidade internacional voltada para a prática de esporte e ginástica.

Lembrou-se logo em seguida que o seu ex-colega de ACM tinha um defeito em uma das pernas, consequência de uma poliomielite que contraíra quando criança. Por isso, jogava sempre como goleiro, sendo inclusive um dos melhores.

Ao chegar, já tinha recado de Grace querendo notícias sobre a ida dos detetives ao local. Ela só não sabia que ele também teria ido e vivido toda aquela experiência. Ficou na dúvida se contava logo, mas achou melhor deixar para quando se vissem novamente em casa.

– Eu também não sei se essa notícia é ruim ou boa. Fico tentada a achar que é boa pois parece que traz uma luzinha de esperança de que ela ainda está viva. Mas, por outro lado, com tudo que já sabemos, fica difícil acreditar que este cara realmente está mentindo. Só acho que é ruim pois tenho um pressentimento de que não vamos nunca saber o que realmente aconteceu com ela. O cara já não liga lá para casa há mais de três dias. A essas alturas, já deve estar partindo para outra e não deve nos ligar mais.

Grace estava expressando exatamente o que Diogo sentia. Ele contou, de imediato, o caso da POLINTER para ela, comentando inclusive que conhecia o delegado.

– Isso faz mais de dez anos, não sei se ele vai se lembrar de mim; talvez sim. Enfim, esse parece ser o grupo mais bem preparado para esses casos, e tem acordo até com a Interpol, aquela polícia internacional. Se bem que esse assassino de Isaura é bem brasileiro mesmo.

– Lá vamos nós de novo contar com os seus amigos da polícia – interveio Grace, meio desanimada – não acredito nesses caras. Nem mesmo sendo essa tal de POLINTER. Se for no prédio que estou pensando, aqui na Presidente Vargas, é bem do lado do meu trabalho e está caindo aos pedaços.

As vezes vamos almoçar num restaurante que tem lá para aqueles lados e acho que já vi uma placa falando disso. É um daqueles prédios velhos da rua sem qualquer manutenção. Se for realmente lá, meu filho, pode desistir de contar com esses senhores especializados. E, se é realmente o grupo mais preparado para resolver esses casos, imagina o que não acontece com os menos aptos. Talvez, se você usar mais uma vez a influência do Jair, consiga alguma coisa.

Diogo ouviu aquilo tudo e sentiu como uma ducha de água fria ao seu entusiasmo. Despediu-se da esposa e ficaram de conversar melhor à noite, em casa. Lembrou-se do prédio que ela comentara, e começou a achar que era de fato lá que ficava a POLINTER. Existia também a hipótese remota de que o interior fosse bem montado, e que seu amigo estivesse sentado em um belo gabinete, com telefones vermelhos sobre a mesa com toda uma estrutura digna de filmes de James Bond.

De repente, um pensamento curioso lhe veio à cabeça. Lá estava ele, um ex-empregado de estatal, sócio de uma pequena empresa, que sempre vivera situações consideradas padrão, sem nada de diferente, agora envolvido em um caso de crime, procurando cadáver no mato e, ainda estando perto de uma conexão com a POLINTER ou ainda a Interpol. Parecia mesmo estar vivendo um filme, porém com gosto de pesadelo por estar envolvido até o pescoço e ter sua família ameaçada por um *serial killer*. Naquele dia, resolveu sair um pouco mais cedo da empresa e passar pela Presidente Vargas para conferir o prédio em pedaços. Pode ver claramente a imponente placa: "POLINTER". Essa estava bem, mas todo o prédio parecia que ruiria a qualquer momento, ainda mais com as chuvas que não davam sossego.

CAPÍTULO 7

Enfim, o casal conseguiu voltar mais cedo para casa. Eram pouco mais de seis horas da tarde quando chegaram ao andar de seu apartamento. Ainda sem abrir a porta, deu para ouvir o telefone tocando. Diogo abriu correndo a porta e logo atendeu.

– Eu sei que vocês foram lá e não acharam o corpo dela. Mas eu juro que está lá. Vocês não procuraram direito. Tinham que ter ido bem mais além daquela árvore maior. Eu estava de longe olhando e vi quando vocês chegaram e saíram – falou o sujeito.

Como era possível que ele os tivesse visto? Só se fosse um dos empregados do posto, pois sendo aquele trecho da avenida deserto, era difícil haver alguém que não fosse funcionário. Por outro lado, pensou logo que, se fosse um deles, teria sido reconhecido pelos colegas ao levar Isaura para o mato e voltar sem ela. E aquela história de motorista da Viação Real? Mas também, como ele saberia que iriam exatamente naquelas data e hora? As peças não se encaixavam.

– Você trabalha no posto? – perguntou de supetão, para ver se o pegava desprevenido.

– Claro que não, patrão. E se trabalhasse eu não estaria aqui dizendo tudo isso para o senhor. Eu já disse que sou motorista de ônibus. Aliás, eu disse isso desde o primeiro dia, quando fui falar com a irmã da Isaura na Penha. Vocês têm que voltar lá e achar o corpo – concluiu, com uma voz desesperada.

Diogo já começava a achar estranha aquela sua insistência. Respondeu, com voz firme:

– Eu acho que você está me enganando. Não tem nenhuma árvore maior naquele matagal. As três ou quatro que tem são todas do mesmo tamanho. E, como você mesmo disse que viu, fizemos uma busca detalhada no local. Não tem corpo nenhum lá. O que você está querendo, mentindo deste jeito?

– Eu juro por Deus que ela está lá. Podem voltar que vão encontrar.

– De onde você está falando agora?

– Estou falando de um orelhão aqui na Praça Santos Dumont, na Gávea – respondeu, tranquilamente.

Surpreso, Diogo logo pensou, se ele não estava mentindo, em sua proximidade física com o sujeito: estava ele perto tanto de sua casa quanto da delegacia onde dera parte. Teve a ideia, logo em seguida, de contactar a unidade para ver se alguém corre para os orelhões da praça. Ao mesmo tempo, lembrou que não poderia desligar logo de cara, para o homem não suspeitar; desejou muito que houvesse outra linha por onde Grace ligaria para a delegacia.

Mas parece que o seu pensamento teria chegado ao maluco: mal tentou voltar a conversa quando percebeu que ele havia desligado. Aproveitou então e ligou correndo para a unidade da Gávea. Logo que atenderam, se identificou, afobado, relembrando seu caso e afirmando que o suspeito ligara por um orelhão próximo. Perguntou se não podiam dar uma corrida rápida na área e procurá-lo, explicando seus traços rapidamente, comentando inclusive do boné, arriscando um palpite com base na descrição de Solange.

Não precisou continuar falando por muito tempo, pois quem o atendeu foi, sem demora, dizendo:

– Me desculpe, meu senhor, mas não temos agora ninguém para sair por aí procurando alguém, mesmo sendo aqui na praça em frente. No instante em que chegar um detetive, posso pedir a ele para dar uma volta na praça. Se o senhor quiser deixar seu telefone, posso ligar mais tarde, assim que tiver alguma novidade.

Diogo desligou o telefone sem responder. Ficou tão desapontado que teve vontade de xingar aquele burocrata. Começava a se sentir impotente diante daquela situação. Contou para Grace aquela patética conversa que tivera com o funcionário e se sentou desanimado em uma das cadeiras da cozinha.

– E o que o maluco falou com você antes? Você mal desligou com ele e já ligou para lá.

Depois de atualizá-la das novidades, lembrou-se que ainda não a contara que fora com os policiais na mata procurar o corpo.

– Você está maluco, Diogo? Está se esquecendo que tem mulher e quatro filhos, com o quinto a caminho? Como é que vai lá, arriscando ser visto por esse bandido? E pelo que você acaba de contar, foi exatamente o que aconteceu. O homem estava lá de tocaia e te viu com os policiais. Não deve ter sido muito difícil para ele saber quem era você e quem eram eles, concorda? Agora não sabemos qual será seu próximo passo. Como ele não ligava há três dias, eu já estava com a esperança de ter desaparecido. Mas, pelo visto, vai começar tudo de novo. E agora ele te conhece, sabe como você é. Daqui a pouco, vai começar a ameaçar você por achar que não está fazendo o que ele quer.

– Não acredito que esse cara tente matar algum homem. Ele é tipicamente um psicopata, com raiva, ou sei lá o que, de mulheres, e não vai se arriscar contra um homem. Pessoas desse tipo são covardes.

Mais uma noite mal dormida naquela casa. A história estava se complicando com esse desaparecimento do corpo da Isaura, apesar da insistência do suspeito. As chuvas daqueles dias de março voltaram a ficar fortes, e os desabamentos voltaram a acontecer. O próximo fim de semana chegou e o suposto assassino não ligara de novo; com o clima, não havia mais nada a fazer que não fosse ficar em casa lendo jornal ou vendo TV.

As notícias eram sempre de barracos desabando, com vítimas fatais. Naquele sábado à noite, as reportagens eram sobre uma ocorrência escabrosa: um prédio inteiro desabara no subúrbio carioca, no bairro da Abolição, e diversas pessoas morreram soterradas. Mais uma grande tragédia das águas de março.

Na manhã seguinte, a chuva seguia caindo com força total. Diogo estava na cozinha tomando café quando o telefone tocou. Correu para atender, na verdade sem saber se queria que fosse o cara ou não. Atendeu ao telefone e ouviu do outro lado:

– Parece que o senhor desistiu mesmo de ir lá pegar o corpo da Isaura, não é? – perguntou, de forma agressiva.

– Eu não desisti não. O problema é que você não me disse o lugar certo onde ela está. Lá naquele matagal, perto do posto de gasolina, eu já sei que não está. Por que você não se encontra comigo? Vamos conversar, rapaz. Eu entendo o seu problema e talvez possa ajudá-lo. De onde você está me ligando agora?

– Ah, o senhor é muito esperto e eu sei que está querendo me pegar, e, desta vez, estou falando de um orelhão bem perto de sua casa, na Rocinha.

Da janela de seu apartamento, tinha até uma boa visão da favela, mas não sabia exatamente onde ficavam os orelhões. Já tinha visto pelo menos um, na base do morro, próximo à entrada do túnel. Vira aquele aparelho na única vez que esteve na Rocinha com Grace, quando foram à feira que acontecia às segundas-feiras. Só se lembrava que aquelas ruas apertadas estavam todas sujas, com muito barro, devido às chuvas dos dias anteriores, que causara a descida de lama para baixo do morro. Se ao menos tivesse um telefone sem fio, poderia se deslocar até a janela e tentar ter alguma visão da área próxima ao túnel e, quem sabe, enxergar alguém falando de um telefone público. Grace estava ainda na cama e preferiu não a chamar. Pensou em desligar o telefone, pegar o carro e correr logo na Rocinha, na esperança de ver o sujeito, apesar de nem mesmo saber com precisão suas feições. Da garagem de sua casa até o ponto onde podia estar o tal orelhão, não levaria mais que três minutos.

Diogo, sem saber o que fazer, prosseguiu a conversa.

– Você andou ligando para cá esta semana sem se identificar? – ele se referia a algumas vezes nas quais o telefone tocara durante a semana, e, quando atendido, só se ouvia o silêncio.

– É, eu liguei sim. Mas, naquelas vezes que eu liguei, eu queria falar era com a sua esposa. Como o senhor sempre atendia o telefone, eu ficava mudo.

– O que você queria falar com ela?

– Ah, eu só queria dizer para ela falar com o senhor para não deixar de ir lá pegar a Isaura. Também queria ouvir um pouco mais a voz dela e lembrar que eu quero me encontrar com ela – falou, com um certo quê de deboche – ontem de manhã, eu liguei para sua casa e acho que quem atendeu foi uma de suas filhas. É uma das meninas que tenho a foto comigo?

Diogo lembrou-se que, no dia anterior, o telefone tocara e sua filha, Kenia, uma das gêmeas, atendera. Ela comentara que não tinha entendido nada do que o homem estava falando.

– Olha, rapaz, enquanto você estiver ligando para minha casa, principalmente para fazer ameaças a minha família, só eu irei atender ao telefone. E vou lhe dizer uma coisa: se você tentar alguma coisa contra minha mulher ou meus filhos, vou atrás de você onde você estiver. Vou usar todos os meus recursos para te achar – desabafou, se esquecendo, de toda a estratégia de tentar se aproximar, sabendo que, no fundo, sua posição naquela situação era extremamente fraca.

O sujeito deu uma gargalhada do outro lado da linha e continuou:

– É, isso é o que o senhor pensa. Já estou há muito tempo matando essas moças e ninguém nunca chegou perto de mim. Nem lá em Campos, que é um lugar pequeno, eles nunca desconfiaram de mim. E vou continuar matando por muito tempo, tá bom?

Nervoso e com raiva, Diogo desligou o telefone e saiu correndo pelo elevador, descendo para a garagem de seu prédio. Pegou seu carro e arrancou para a Rocinha. Em menos de dois minutos, estava na área onde estavam dois orelhões. A chuva caía forte e a lama naquele pedaço tinha quase quinze centímetros de altura. Na pressa de sair de casa, nem reparou no tempo, muito menos lembrou-se de pegar um guarda-chuva. Um dos aparelhos estava estragado e o outro estava ocupado. Pensou em interromper a moça e perguntar se houvera algum homem ao telefone antes dela começar a falar, mas ela não lhe deu muita chance. Ficou ao seu lado, debaixo do orelhão sem funcionamento para se proteger daquele temporal, aflito e olhando para todos os lados, procurando um homem baixo, de boné. Viu pelo menos três assim, todos passando por aquela região, de forma natural, não deixando nenhuma impressão de que eram o assassino.

Uns três minutos depois, a moça desligou e Diogo, nitidamente nervoso, lhe fez a pergunta que queria. Ela, como sempre acontece quando um estranho vem à uma favela fazer perguntas sobre possíveis moradores da área, lhe respondeu muito secamente que não havia visto ninguém, que não sabia de nada. Ele ainda pensou em perguntar a alguém de um bar próximo, mas logo entendeu que a resposta seria a mesma.

De repente, uma ideia maluca lhe veio à cabeça: e se o cara estivesse lhe atraindo, fazendo com que ele saísse de casa para ir até sua casa? Ficou nervoso e voltou correndo. Entrou no apartamento apavorado, já encontrando Grace na cozinha preparando a mamadeira de Beatriz. Ela, percebendo sua afobação, lhe perguntou:

– O que houve? Por que está com essa cara de apavorado? Onde você foi com toda essa chuva?

– Acabei de ir na Rocinha. O maluco me ligou de lá, ou pelo menos disse que estava por ali. Eu corri para a favela e não achei ninguém – respondeu com a respiração ofegante, sentando-se em um banco da cozinha.

– Você está maluco mesmo, né, Diogo? Ir até a Rocinha para procurar um bandido? Você sabe que, mesmo se tivesse encontrado, não sairia de lá com ele, não sabe? Quando é que você vai parar de querer dar uma de detetive e ficar por aí se metendo em matagal e correndo atrás de bandido? Você está se esquecendo que tem família, Diogo? Pelo amor de Deus, deixe isto para os seus amigos da polícia. Eu já não aguento mais esta situação. Agora tenho mais medo do que pode acontecer com você do que comigo. Eu pelo menos não estou me expondo para esse maluco.

Grace ainda o lembrou do caso do pediatra da família, seu vizinho, que foi abordado por dois homens enquanto esperava o portão da garagem abrir e, ao se recusar a sair do carro, levou um tiro no rosto. Por sorte, não faleceu, mas ficou com aquele lado da face paralisado. Além disso, o veículo nunca fora encontrado.

Ele, então, se acalmou aos poucos e começou a perceber a preocupação de sua esposa, concordando com os aspectos que mencionara. Mas não sabia o que fazer; sabia, no fundo, que seus amigos policiais, com a pouca ou nenhuma competência que tinham, não iriam nunca pegar aquele assassino, enquanto ele chegava cada vez mais perto de sua casa: esteve a trezentos metros de sua família.

Foi para a sala, encostou-se na poltrona e ligou a televisão. Rodou todos os canais, procurando esportes ou um filme. Evitava qualquer um que mostrasse tragédias.

CAPÍTULO 8

O tempo manteve-se chuvoso no início da semana. Com as grandes confusões noticiadas nos jornais por conta do clima, o casal decidiu não trabalhar na segunda-feira, e as crianças também ficaram no apartamento, em vez de seguirem para a casa da mãe.

Enquanto lia os jornais do dia anterior, Diogo repentinamente decidiu que iria até o IML, o Instituto Médico Legal, na Av. Mem de Sá, para procurar o corpo de Isaura. A essa altura do jogo, tudo deveria ser feito para trazer um pouco mais de luz sobre esse mistério. Resolveu, mais uma vez, não contar para Grace seus planos, pensando em sua reação; nunca tivera essa experiência, mas imaginava que o IML não seria exatamente um lugar agradável para se ir.

Aproveitou que a chuva tinha amenizado um pouco e disse para ela que levaria Fábio dar uma volta pela lagoa, que talvez pudessem ver alguma regata, o que costumava acontecer mesmo em dias assim. Ela não gostou muito da ideia, também por causa do tempo, mas acabou concordando.

Diogo chegou ao IML por volta das onze horas da manhã. Ao se aproximar do prédio, pode perceber a grande confusão que existia naquela área. Com os desabamentos, o instituto deveria estar abarrotado de cadáveres aguardando autópsia e liberação.

Depois de rodar por quase quinze minutos procurando uma vaga, estacionou o carro em cima de uma calçada, sendo logo abordado por um flanelinha, o "xerife" da área.

Ao se aproximar do hall de entrada, levando seu filho pelas mãos, levou um susto. A confusão era total: dezenas de famílias esperavam atestados de óbito para liberar o corpo de parentes. Outros procuravam alguém desaparecido, como era o caso de Diogo. Aproximou-se de uma mesa onde tinha um rapaz com uma espécie de lista com o nome dos falecidos e perguntou:

– Estou procurando uma pessoa de nome Isaura de Souza. Você poderia fazer a gentileza de verificar se tem esse nome na sua lista?

O homem, sem mesmo levantar a cabeça e olhar para ele, correu rapidamente os olhos pela enorme lista e disse, de forma seca, que esse nome não constava e que, portanto, seu corpo não deveria estar por ali. Diogo insistiu, descrevendo a moça, na esperança de conseguir alguma coisa. Não queria sair assim, barrado logo na porta de entrada, sem qualquer resposta convincente; sabia, também, que muitos dos corpos ali presentes deveriam ser de pessoas consideradas indigentes, sem identificação.

– Meu senhor, – disse, desta vez levantando os olhos e o encarando – pessoas mortas, com as características que está descrevendo, entram aqui quase todos os dias, principalmente após o Carnaval e em época de chuvaradas como a que estamos tendo. Se o nome não está aqui na minha lista, é pouco provável que esteja por aqui. São poucos os cadáveres que não têm identificação.

Diogo já estava começando a achar que mais uma vez perdia seu tempo quando um outro rapaz que estava em pé entrou na conversa:

– Tem uma loirinha que está lá nas gavetas desde o Carnaval, e ninguém ainda veio reclamar o corpo dela. O senhor quer ir lá dar uma olhada? As coisas lá por cima não estão muito bem não, porque com essa grande quantidade de mortos dos últimos dias não temos tido muito tempo e espaço para ajeitar as coisas, sabe como é, né? – perguntou, como se o convidasse para olhar um objeto qualquer em um achados-e-perdidos.

Ele hesitou um pouco, já que, embora estivesse ido para isso, não esperava aquele convite à queima-roupa para subir no andar dos gavetões e identificar um corpo, que poderia ser ou não o de Isaura. Nem prestou muita atenção ao que o homem dissera sobre falta de espaço e tempo para ajeitar as coisas, mas tinha que encarar o que viesse dali. Respondeu com firmeza que concordava em subir, e disse a Fábio que ficasse sentado num banco do hall. Já se encaminhava para pegar o elevador quando um senhor, que parecia ser o gerente ou o chefe, perguntou para o rapaz:

– Você vai levar este senhor lá em cima do jeito que as coisas estão por lá?

– Eu já expliquei para ele a situação, mas ele insiste em procurar essa moça que trabalhava na casa dele e desapareceu.

Diogo interveio imediatamente na conversa, reforçando o que ele dissera: queria mesmo subir, independentemente de como estivesse o ambiente. Afinal, como nunca tinha entrado em um IML, não tinha a mínima ideia do que poderia estar lhe esperando. Obtendo aprovação, nitidamente a contragosto do senhor, subiram para o terceiro andar.

– Acho que foi lá que vi o corpo da loirinha.

Enquanto o elevador subia, ele foi imaginando o que estava prestes a presenciar. De institutos como aquele, só se lembrava dos de filmes americanos, quando os membros de uma família eram conduzidos por corredores frios e limpos, e uma gaveta com uma identificação era aberta, mostrando-se meio-corpo de um cadáver para reconhecimento. Os corpos estavam sempre bem limpos e tinham uma etiqueta de identificação no dedão do pé. Aquilo lhe parecia estranho.

O elevador parou no terceiro andar e o rapaz se apressou em abrir a porta, mas logo deu para perceber que algo a obstruía. Depois de fazer um pouco mais de força, o rapaz conseguiu abri-la o suficiente para que pudessem sair. Diogo quase ficou paralisado ao ver a cena que se descortinava naquele andar: vários corpos esparramados pelo chão, cada um em uma maca metálica e baixinha. Havia, pelo menos, dez daquelas macas, que podia se ver ainda pela porta do elevador.

Todos os cadáveres estavam nus e sujos de lama: vítimas dos desabamentos. O que primeiro lhe veio à cabeça ao presenciar aquele quadro foi uma cena do filme *Missing*, de Costa Gravas, com a participação de Jack Lemon, e que no Brasil recebeu o nome de *Desaparecido*. Nesse trecho, o ator, que era um repórter procurando um amigo, fora levado à um estádio de futebol no Chile, onde deveriam estar vários corpos de ex-presos políticos do regime militar de Pinochet. Quando ele entra, enfim, no local, depara-se com o mesmo que Diogo via, ao vivo, no IML do Rio de Janeiro. Nenhuma das duas cenas jamais seria esquecida.

Percebeu, então, que o que retinha a porta era o corpo de um homem de raça negra, de aproximadamente quarenta anos de idade, com o corpo enrijecido, contorcido, com as pernas um pouco curvadas e, o mais impressionante, com o pênis ereto. Talvez, estava em um estado chamado rigidez cadavérica.

Diogo teve a sensação de que iria vomitar ao ver a quantidade de corpos naquelas circunstâncias. Segurou firme e tentou acompanhar o rapaz que, para prosseguir para a sala onde ficavam as gavetas, tinha de pular por cima dos corpos. Ele o seguiu, procurando não prestar muita atenção nas feições de todas aquelas pessoas mortas. Em uma maca, não pode deixar de perceber que havia o corpo de uma mulher em torno de trinta anos e o de uma criança, de uns dois ou três anos, deitada sobre o corpo da mulher, certamente mãe e filho. O médico fazia a necrópsia ali mesmo, no corredor, em uma maca mais alta.

Sobre o homem que travava a porta, o rapaz comentou, debochado:

– Esse aí parece que morreu numa hora boa.

Ainda bastante surpreso com o que via, Diogo nem prestara atenção ao comentário. Seguia o rapaz, já dentro de uma sala maior, onde na parede estavam os gavetões, quando olhou para o chão e viu uma maca vazia. Havia uma poça de sangue na maca, de mais ou menos trinta centímetros de diâmetro, e cheia de uns vermes brancos. Para completar o quadro, havia duas grandes baratas também se alimentando daquele sangue.

Diogo engoliu em seco, respirou fundo e se aproximou das gavetas que eram abertas pelo homem a procura de Isaura. Os corpos ali também eram bastante mal-cuidados. Tentou ver se tinham uma etiqueta no dedão do pé, mas não conseguiu. Eram corpos de pessoas das mais variadas idades, raça e sexo.

Perguntou se não existia uma identificação que o pudesse ajudar naquela procura, e ele respondeu que deveria ter, mas os nomes não estavam atualizados. Estavam trocando corpos tão rapidamente naqueles últimos dias que nem dava tempo de trocar as etiquetas. Comentou que a loirinha chamara sua atenção pelo tempo que ficara no instituto.

Depois de abrir vários gavetões sem sucesso, o rapaz gritou para um segundo que estava do outro lado do salão:

– Ei, cara, cadê aquela loirinha que chegou aqui no Carnaval e que estava nesse andar ainda ontem?

– Sei lá, cara. Se não está por aí, é porque levaram para o andar de baixo. Levaram vários "presuntos" ontem para lá.

– Vem comigo.

No caminho, na escada para o segundo andar, vinha subindo outro funcionário, cumprimentando o rapaz que lhe perguntou:

– E aí, qual é o rango de hoje, cara, porque estou morrendo de fome.

– Hoje o rango está bom. É frango ao molho pardo – respondeu batendo na barriga, como quem já almoçara e voltara ao trabalho de cuidar dos corpos sujos.

Diogo teve mais vontade ainda de vomitar: toda aquela cena e eles falando em fome e frango ao molho pardo. Parecia que faziam de propósito, para gozar com sua cara, nitidamente marinheiro de primeira viagem naquele universo.

Chegando ao segundo andar, não era nada diferente da sujeira e da precariedade do terceiro. Com as gavetas também não foi discordante: o rapaz abriu várias e nada.

– É, parece que ela não está mais por aqui. Acho que devemos ir lá na sala onde estão distribuindo os atestados de óbito e procurar saber de alguma coisa.

Aquilo pareceu para Diogo ser sem sentido, já que o nome da Isaura não constava em nenhuma das listas. Como poderia ter um atestado de óbito em seu nome? Mas, como tudo ali parecia estar longe de qualquer lógica, resolveu acompanhar o rapaz por entre os corredores até que chegaram a uma grande sala, como se fosse destinada a reuniões. Lá, estavam várias pessoas consultando pilhas de papéis sobre uma mesa grande no centro, parecendo ser os atestados.

Ficou num canto da sala observando aquela confusão, com tantos chorosos procurando os papéis de seus parentes mortos. Enquanto o funcionário procurava o nome de Isaura, Diogo lembrou-se que seu filho estava a sua espera no hall, sozinho, e teve uma sensação de medo que, misturada a tudo que vira naquele lugar, arrastara-o de volta para o primeiro andar. Antes de sair, pediu ao rapaz que o avisasse de novidades, caso houvesse.

Encontrou Fábio sentado onde o deixara, mas aparentando assustado com a confusão. Sentou-se ao seu lado já pensando em ir embora, visto que não seria possível obter qualquer informação confiável naquela bagunça.

– Pai, o que essas pessoas vêm fazer aqui? Parece que todas estão querendo chorar, perguntou Fábio, nitidamente amedrontado com tudo que via.

Tentou explicar de forma que o convencesse, mas não queria naturalmente dizer tudo o que acontecia por ali. O garoto se deu por satisfeito com sua resposta e Diogo tratou de mudar o assunto, dizendo que já estavam indo embora e que passariam pela Lagoa para ver os barcos de corrida. Diogo já estava a caminho da porta de saída, quando o funcionário que havia o acompanhado por todo aquele "trem fantasma" apareceu nas escadas e gritou:

– Oh, doutor! A loirinha já não está mais aqui mesmo. Alguém já levou.

– Mas não dar para saber quem levou?

– Ah, isso não dá não.

Aquilo foi o que ele precisava para sair correndo daquele lugar. Como é possível alguém retirar um corpo e eles nem saberem quem foi? Pensou até em procurar outro funcionário, mas concluiu que seria em vão; se sentia, além de tudo, enojado, com mais vontade ainda de sair dali.

No caminho de volta, foi revendo em sua mente tudo o que presenciara. Não podia entender como os seres humanos poderiam ser tratados com tanta indiferença. Como é que, em uma instituição como aquela, de uma grande importância para a sociedade, poderia acontecer tudo isso? Diogo pensou que, em um Estado verdadeiramente comprometido com os seus cidadãos, isso nunca aconteceria.

Talvez, tudo aquilo que vinha vivenciando nas últimas semanas seria motivo de sobra para sair do Brasil, a procura de outra sociedade para criar seus filhos. Ouvia muito falar de pessoas que deixavam o país por motivos econômicos, fugindo daquela inflação desesperadora, depois do malfadado plano Cruzado de José Sarney. Eram os exilados-econômicos; nos anos 60 e 70, eram exilados-políticos, e, naqueles dias, Diogo poderia ser um "exilado-moral".

Para ele, o que experimentara eram a prova pessoal de tudo que já sabia sobre a realidade de seu país, e eram até mais fortes que as razões econômicas. A ideia, comumente falada, de que essa seria uma atitude covarde, e que se deveria ficar em seu país de origem para lutar por uma mudança, soava como papo-furado. Pelos riscos, não valia a pena: os cidadãos estão desprotegidos, desconsiderados. Chegara em um ponto que não queria mais esperar para não ser tarde demais para partir.

Divagou fortemente sobre contar ou não para a esposa sobre a ida ao IML, decidindo, por fim, que sim, com todos os detalhes. Surpreendeu-se com sua reação, que deixou transparecer que também tinha essa vontade de procurar o corpo de Isaura no IML; só não gostou de ele ter levado Fábio. Grace, abalada emocionalmente por tudo que passavam, se viu anestesiada com as informações que seu marido trouxera: não conseguiu se impressionar tanto.

Ficou apenas intrigada com o aparente sumiço do suposto corpo de Isaura, e pensou que devessem explorar mais essa informação no instituto. Por fim, depois de conversar com Diogo, concordou que, com aquele descontrole, seria mesmo uma perda de tempo.

****

As notícias do desabamento continuavam a tomar os noticiários. Anunciavam um contato para doações de roupas e alimentos para as famílias desabrigadas.

O casal conversou e decidiu que doariam algumas roupas usadas, principalmente de crianças, que tinham em grande quantidade, muitas com pouco uso e em excelente estado. A pessoa que recebia as doações pelo telefone dissera que passariam na casa deles dentro de uma ou duas horas para recolher o que fossem doar. Grace juntou três sacolas com roupas e uma de mantimentos, deixando-as perto da porta da cozinha.

Quando o interfone tocou, Diogo pegou as sacolas e desceu pelo elevador social. Abriu a porta de vidro da portaria que já dava para a rua e um rapaz gordo, de aproximadamente trinta anos, já o aguardava do lado de fora, debaixo da marquise do prédio, se protegendo da chuva. Recebeu as quatro sacolas e disse:

– Muito obrigado pela sua doação. Que Deus lhe abençoe. A situação está realmente calamitosa, com muita gente desabrigada, sem ter o que comer ou vestir, principalmente crianças – completou, correndo logo depois para a Kombi que o aguardava na calçada.

Retornou ao elevador com um forte aperto no peito. Tudo aquilo que vivia nas últimas semanas, as ameaças do assassino, a busca pelo corpo no matagal, o descaso da polícia e, principalmente a experiência que tivera mais cedo no IML, somados àquela tragédia, explodiram em sua cabeça, lhe causando uma crise de choro dentro do elevador. Um choro de desespero e impotência diante de todas aquelas adversidades.

Lembrou-se que o rapaz da Kombi havia dito "Que Deus te abençoe" e pensou, com raiva: Deus, que é todo poderoso, devia é ter evitado que tudo isso tivesse acontecido. Sentiu-se completamente desprotegido. Afinal, que sociedade era aquela onde as pessoas eram agredidas por agentes da natureza e, o que era pior, por outros seres humanos, e não podiam fazer absolutamente nada para se proteger? A percepção na própria carne do descaso com que as pessoas são tratadas, quando buscam ajuda nas entidades públicas, deixara Diogo com uma mistura de medo e ódio, Mas agora, principalmente, sentia nitidamente a desproteção.

Enquanto o elevador subia até o 13º andar, suas vivências passaram como um filme acelerado em sua mente. Ao chegar ao seu andar, ficou ainda alguns minutos do lado de fora, antes de entrar no apartamento, esperando se recompor emocionalmente. Não queria que Grace o visse assim desestruturado: precisava manter a imagem forte, pela família, pelo casal. Ela, embora muito abalada, se segurava, evitando reações de desespero. Junto a isso, sua gravidez de risco os deixava mais apreensivos.

CAPÍTULO 9

Na terça-feira, o tempo melhorou e o casal foi para seus respectivos trabalhos. A vida tinha que continuar.

Diogo estava ansioso para visitar a POLINTER e ver não só se o processo que se iniciara na Gávea já estava lá, mas também para ver como o delegado o iria receber. Será que ele iria se lembrar dele?

Achava que teria bastante a acrescentar à investigação com os acontecimentos recentes. Se os policiais do local fossem realmente competentes, dando a devida atenção ao seu caso, ele pensava que não seria tão difícil de encontrar o assassino. Contava, também, com a possível amizade com o delegado. Logo depois do almoço, por volta das duas horas da tarde, entrava no prédio. Era realmente de desanimar: parecia, de fato, prestes a desabar e, por dentro, estava tão acabado e maltratado como por fora. Aquela esperança de encontrar seu amigo sentado em uma sala moderna, no estilo James Bond, já se desfazia ali mesmo, antes até de subir ao andar do escritório.

Foi atendido por uma moça que lhe informou que o delegado Wilson ainda não retornara do almoço, mas que não deveria demorar. Se quisesse, poderia esperar ali mesmo.

Ele, então, se sentou em uma poltrona velha da pequena sala de espera e lá ficou por alguns minutos, até que Wilson apareceu, saindo do elevador, daqueles que as portas se fecham como uma grade sanfonada.

Ao vê-lo, percebeu que não havia mudado muito desde os tempos da ACM. Até mesmo pelo defeito que tinha em uma das pernas, era impossível deixar de reconhecê-lo.

Wilson olhou logo para Diogo e também deu mostras de que o reconhecera:

– Ei, rapaz, como vai você? – perguntou com uma expressão que demonstrava alegria em rever um velho amigo.

Na ACM, havia dois grupos bem distintos de pessoas. Um era de pessoas arrogantes, que se sentiam donos do mundo e não gostavam de fazer novos amigos. O outro era dos sócios legais, simpáticos, e que faziam amizade com quem viesse. Recebiam bem os calouros, tratando logo de enturmá-los no grupo. Esse era o caso de Wilson, apesar de ser de uma profissão que certamente exigia dele muita postura de durão. Diogo não se lembrava se ele já era delegado naquela época, mas sabia que já era ligado com a esfera policial. Aliás, desde que soubera que ele era o chefe da POLINTER, ficara pensando que aquela profissão não se conectava muito com sua imagem, de um homem simples e simpático.

– Muito bem, Wilson. Você não envelhece, rapaz?

– Bondade sua. Estou meio acabado. Não jogo mais com tanta frequência aquele futebol de salão dos velhos tempos de ACM. Até mesmo porque, neste cargo que agora estou, tenho que viajar muito e não tenho mais tempo. Mas sempre que posso, ainda bato uma bolinha. E você, continua jogando? – perguntou enquanto o trazia para dentro de seu gabinete.

– Eu nunca parei de jogar o meu futebolzinho. Com essa vida estressante que levo, preciso do esporte para descarregar as tensões.

Seu gabinete era simples, realmente bem diferente do imaginado. Estava relativamente bem arrumado, com várias pilhas de pastas de processos sobre a sua mesa.

– Mas vamos lá, meu amigo. O que lhe trouxe aqui no meu escritório?

Diogo contou-lhe toda a história, com todos os detalhes. Deixou clara sua preocupação com as ameaças que o assassino vinha fazendo a sua família, principalmente sua esposa, e fechou perguntando ao colega uma confirmação se o processo já chegara em sua unidade.

Wilson ouviu toda a narrativa sem se impressionar muito, demonstrando, como era de se esperar, familiaridade com esses tipos de ocorrências. Antes mesmo que pedisse a algum funcionário para verificar se o processo já estava lá, concluiu:

– Não adianta nem mandar procurar lá dentro. Tenho certeza de que seu processo não está ainda por aqui. Essa informação que o delegado da Gávea lhe deu de que estaria aqui esta semana é totalmente furada. Normalmente, esses processos levam mais de um mês para chegar aqui. Mas, não se preocupe, hoje mesmo vou ligar para lá e pedir a ele para acelerar o envio do processo. Com sorte, podemos ter esse processo aqui na próxima semana.

Mais uma semana, pensou Diogo. De qualquer maneira, já estava feliz por ter recebido todo aquele apoio. Neste momento, imaginou o que estaria acontecendo se eles não fossem conhecidos de longa data. E foi além: se não fosse amigo de Jair, talvez nem estivesse ali, em frente ao chefe da POLINTER. Certamente, sua ignorância e desinformação sobre o caso seria total.

Wilson retomou a palavra:

– Esse seu caso é muito parecido com muitos dos que tenho aqui nestas pilhas de pastas que você vê em minha mesa. São geralmente casos de desaparecimento de pessoas, nos quais existem também grandes suspeitas de morte e assassinato. E não estou querendo lhe desanimar, mas são poucas as ocorrências em que conseguimos sucesso. O que temos que fazer é tratar logo de correr atrás de respostas. Não posso começar as investigações enquanto não receber o processo aqui no escritório, pois tenho que justificar os recursos que vou alocar. E por aqui também as coisas não estão nada boas em termos de recursos, como você já pode ver ao entrar neste prédio. Estou tentando uma mudança para outra sede, mas não se consegue isso de um dia para o outro. Talvez ainda tenhamos de ficar por aqui, nestes escombros, por mais alguns meses, ou até anos. Nossa sorte é que parece que todos esses prédios antigos da Presidente Vargas estão sendo demolidos. Mas, certamente os prédios públicos serão os últimos.

Ele ouviu tudo aquilo com uma boa dose de desânimo, exatamente do jeito que Wilson lhe pedira para não ficar.

– Mas, Wilson, a POLINTER não é o departamento de polícia no Brasil, ou, pelo menos, no Rio de Janeiro, melhor equipado para fazer esse tipo de investigação? Pensei até que vocês, por terem alguma ligação com a Interpol, recebessem alguma ajuda lá de fora, estando bem estruturados para investigar.

O delegado deu uma boa gargalhada, recostando-se em sua poltrona, também velha e já com alguns rasgos.

– Isso é o que todo mundo pensa a respeito da POLINTER, meu amigo. Mas a realidade é bem diferente. Até mesmo pelo prédio em que estamos, como já comentamos, não dá para acreditar que recebemos muita verba, muito menos de organismos internacionais, não é mesmo? Além do mais, a unidade tem como objetivo básico tratar de casos nos quais estão envolvidos crimes internacionais, geralmente relacionados com tráfico de drogas. Muitas vezes, somos envolvidos em casos domésticos, como parece ser a sua situação, até para confirmar se não tem nenhum braço internacional no caso. Mas não se preocupe; é como diz o velho ditado, meu amigo: "quem tem padrinho não morre pagão". Não posso garantir 100% para você de que vamos resolver seu caso, mas farei o possível. Vamos fazer o seguinte: leve meu cartão e me dê uma ligada na próxima semana. Espero já ter recebido seu processo e vamos logo pôr as mãos à obra.

Diogo agradeceu a atenção especial que o colega lhe dera e saiu de volta para seu trabalho. Chegando lá, ligou para Grace para lhe contar a boa notícia de que Wilson era realmente o seu ex-colega de ACM e que, o melhor de tudo, o recebera muito bem e iria ajudar no que fosse possível.

Ela o ouviu falar sem muito entusiasmo, pois não esperava muito daquela nova ajuda. Sabia que fazer o que for possível sempre significava, afinal, não fazer nada. Mas, de qualquer forma, não quis desanimar o marido e tentou demonstrar também alguma satisfação pelo que ele lhe contara. Continuava naquele esquema desgastante de ir para a casa de sua mãe depois do trabalho, depois de pegar Beatriz na creche. Ainda mais com a demora de mais uma semana, como sempre, ela ficava cada vez mais paranoica. O resto da semana transcorreu sem novidades. A rotina de chegar em casa tarde com Diogo e esperar com angústia o telefone tocar continuava a mesma. Com aquela confusão, Lourdes decidira não ir mais fazer a faxina na casa, e assim, quando chegavam, Grace tinha sempre que quebrar o galho, limpando e ajeitando o que pudesse.

Solange ligava de vez em quando, procurando saber de alguma novidade e para informar que não desistira de procurar sua irmã. Ia em todos os lugares onde achava que Isaura poderia ter ido antes de desaparecer para ver se descobria alguma coisa. Em uma dessas suas andanças, fora mordida na perna por um cachorro e estava passando por maus momentos para cuidar daquela ferida séria. Suas idas a hospitais públicos eram sempre mais dolorosas que a própria lesão, pelo descaso e mal tratamento que sempre recebia.

Com o tempo dedicado à busca da irmã, havia perdido seu emprego e estava vivendo agora do curto dinheiro do fundo de garantia que recebera.

Já retirara as coisas de Isaura que haviam ficado na casa de Diogo e não sabia como proceder, se deveria ou não retirar o dinheiro que ela tinha em uma caderneta de poupança. Sem o atestado de óbito, a comprovação do acontecido, certamente nunca receberia aquele dinheiro, que, mesmo sendo pouco, poderia ajudá-la na busca de sua irmã.

Como já era de se esperar, o tal processo não chegou na POLINTER nem na semana seguinte, nem nas próximas duas semanas.

Diogo já estava ficando desanimado de contar com alguma ajuda de Wilson, quando enfim recebeu uma ligação do próprio, informando que o processo estava com ele. Pedia para que ele fosse encontrá-lo na unidade para dar todos os detalhes aos dois detetives que designara para investigarem o caso.

Nova injeção de ânimo: lá foi ele ao escritório para se reunir com os dois profissionais. Eram dois rapazes jovens, com não mais de trinta anos, com aparência bem diferente do esperado de investigadores da Interpol que se via no cinema.

Não aparentavam ter nenhuma qualificação especial e ouviram atentamente todos os detalhes que Diogo lhes contou sobre o caso. Pelo visto, nem leram nada do processo que teria vindo da delegacia da Gávea. Parecia que a exigência da chegada do documento era apenas uma burocracia para se dar início às investigações, se é que eram organizados a esse nível.

Os detetives ficaram bastante interessados no início da narrativa, com o suspeito que teria ido na casa de Solange e dito que era motorista da Viação Real. Realmente, foi por ali que começaram sua investigação, indo até a Penha e interrogando todos que tinha alguma coisa a dizer. Estiveram depois na Viação Real e conseguiram um álbum com as fotos de todos os motoristas. Levaram-no à Solange para tentar identificá-lo.. Essa tentativa também não trouxe nada de novo ao caso.

Diogo achava que eles deveriam começar com algum contato com a polícia de Campos, onde o homem supostamente começara sua atividade como *serial-killer*, como ele mesmo dissera, mas parece que os dois nunca consideraram essa hipótese, ou, se consideraram, ele nunca ficou sabendo.

Duas semanas depois, Wilson ligou perguntou se ele poderia dar uma passada no seu gabinete. Diogo tratou de ir correndo, na esperança de que alguma coisa nova pudesse ter acontecido, imaginando a possibilidade de eles terem encontrado o corpo, já decomposto, pedindo uma espécie de reconhecimento do cadáver.

Quando lá chegou, foi logo introduzido no gabinete do colega, e este lhe pediu que aguardasse, pois falava com uma senhora que estava presente. Havia também, na sala, um detetive que Wilson mandara chamar. Era um senhor de mais ou menos sessenta anos, de cabelo grisalhos, mas que, pelo visto, ainda estava na ativa, e parecia envolvido nas investigações relacionadas à senhora. Diogo ficou ouvindo a conversa que acontecia entre os três; pelo que deu para depreender, ela estava ali a procura de seu marido, que já estaria desaparecido há mais de duas semanas. Parece que moravam numa casa na Barra da Tijuca e seu marido não voltara para casa depois de sair para comprar algo, perto de casa.

O delegado tentava convencê-la de que estavam fazendo todo o possível para encontrar seu marido. A senhora, desesperada e meio chorosa, não conseguia compreender como era possível aquilo estar acontecendo, já que seu marido era uma pessoa comum, muito ligado à família, e que nunca desapareceria assim sem deixar notícias, a não ser que fosse raptado ou morto por alguém. Como até aquele dia não havia nenhuma pista de que poderia ter sido um sequestro, ela já acreditava que ele teria sido morto.

Meia hora depois, a senhora se retirou da sala de Wilson, que se virou para Diogo e comentou:

– Ela não sabe, mas o marido dela andava envolvido com tráfico de drogas, inclusive com extensões na Colômbia. Foi até por isso que a POLINTER foi envolvida. Já achamos o corpo dele há dois dias, mas estamos mantendo esta informação sob sigilo para prosseguirmos em nossas investigações. Queremos chegar à fonte, descobrir quem são os braços no Brasil dessa quadrilha internacional.

Estava tão curioso em saber de notícias sobre seu próprio caso que nem deu muita importância ao que o colega falara.

– E então, Wilson? Alguma novidade no meu caso? – perguntou, aflito, rezando por alguma notícia que significasse o fim daquele pesadelo que envolvia toda sua família.

Ele demonstrou com uma expressão que já dizia tudo.

– Olhe, Diogo, você é meu amigo e me sinto obrigado a lhe contar toda a verdade. O fato é que não temos a mínima condição de continuar investigando seu caso. Eu sei que se passaram somente duas semanas desde que começamos, mas a verdade é que nesta última semana os rapazes não fizeram nada, principalmente por falta de recursos. Não temos carro nem mesmo gasolina para rodar todos esses subúrbios do Rio. Gostaria até de mandar os detetives lá em Campos para buscar alguma pista, mas não dá nem para pensar em uma despesa dessas. Além disso, vira e mexe, tenho um pedido aqui de algum político influente, para saber alguma coisa de seu interesse, e então, como não tenho também muitos detetives, tenho que pedir aos dois que estão no seu caso para darem uma paradinha para ajudar. Você entende, né? Essa é uma posição política, e tenho, de certa forma, que seguir as regras do jogo.

Diogo afundou na poltrona, sentindo que chegara ao fundo do poço de suas parcas esperanças. Não sabia o que dizer para ele, que, percebendo sua decepção, retomou:

– Olha, Diogo, você está vendo essa pilha de processos aqui na minha mesa? É a mesma que você viu no primeiro dia que entrou aqui. Só que um pouco maior agora, porque, desde aquele dia, devo ter recebido, mais ou menos, uns dez processos novos, e não consegui resolver nenhum dos que já estavam aqui. Não tenho as mínimas condições para ir atrás de toda essa pilha de crimes. Realmente, o meu problema maior, nesse seu caso, é a falta de um carro com gasolina para correr atrás das pistas. Se você quisesse nos deixar um carro seu com os dois rapazes, com pelo menos uns dois tanques de gasolina por semana, eu posso lhe dar dedicação integral. Que tal?

Diogo ficou alguns segundos sem nada dizer. Aquela proposta representava o fim de tudo. Respondeu, de forma polida e deixando claro seu desapontamento, de que aquilo era algo que não poderia fazer, já que só tinha um carro que precisava para sua própria família e que, mesmo se tivesse, não achava que essa seria uma opção a ser considerada. Pensou em começar a fazer um discurso sobre sua indignação com a forma como o Estado vinha tratando seu caso, mas conteve-se e preferiu se calar.

– Você não sabe da maior. Sabe qual a foi a conclusão que meus dois detetives chegaram depois desses dias de investigação? Que você é o assassino dessa moça, e que só está fazendo tudo isso para despistar. Mas não se preocupe, eu já falei para eles que isso não tem nenhum cabimento, que te conheço há mais de dez anos e que ponho minha mão no fogo por você.

De fato, Diogo não sabia o que dizer. Lembrou-se dos conselhos de Jair de que deveria tomar cuidado com tudo que dissesse na polícia, visto que poderiam virar para o lado dele toda as suspeitas. Essa parecia ser uma prática comum na polícia. Pela incompetência que tinham para investigar os casos, parecia ser muito mais fácil começar a suspeitar de quem estava por perto. Sentiu curiosidade de saber o que as estatísticas mostravam em termos de envolvimento real de pessoas da família, nos casos de desaparecimento seguido de morte.

Agradeceu ao colega pela proteção. Ao se despedirem, Wilson se comprometeu a continuar "fazendo o possível", mas sem antes deixar de dizer que, em casos como aquele, só mesmo deixando as coisas acontecerem por si mesmas, dando tempo ao tempo, ou seja, não fazendo nada, apenas esperando uma solução que caísse do céu.

Sentado em um banco no metrô, no caminho do trabalho, olhou para todas as pessoas em sua volta, pensando em como estavam desprotegidas naquela sociedade. Se ele, que, por acaso, conhecia pessoas chaves no braço policial da sociedade, que deveria esclarecer seu caso, não conseguira absolutamente nada de concreto, ficou imaginado o que seria de todas aquelas pessoas a sua volta. Todas pagavam, direta ou indiretamente, os impostos que sustentavam, ou deveriam sustentar, um aparelho policial que desse proteção.

Além do mais, não era só a falta de competência e segurança policiais que reinavam pelo país: era também o descaso, a desorganização e a falta de recursos de outros órgãos essenciais como os hospitais ou o IML. Todos eram nada mais que carneiros à mercê da faceta predatória que a própria sociedade criara. Homem, lobo do homem.

Com um pensamento negativo, e com toda a raiva que vinha sentindo por estar vivendo tudo aquilo, chegou a desejar que aquele maluco, ou qualquer outro entre as dezenas que certamente existiam no país, um dia pegasse alguma mulher ligada a um político importante ou a um delegado, para que sentissem, na carne, o que estava passando. Talvez, assim, alguma coisa aconteceria.

EPÍLOGO

Mais de três meses já haviam se passado desde aquele retorno de Arraial do Cabo, quando tudo começara. Diogo e Grace continuaram tolhidos pela insegurança e pelo medo que se instalaram na família. Ela decidira, finalmente, parar de ir para a casa de sua mãe nos finais de tarde à espera do marido. Tinham que tocar suas vidas.

A única coisa de positiva que ficara de toda essa tragédia foi o fato de tudo que viveram fez Diogo e Grace se sentirem mais unidos, com a percepção clara de que existem momentos na vida quando o casal precisa de apoio sentimental, que pode ser encontrado na convivência do dia-a-dia.

Wilson nunca ligou para dar nenhuma notícia, muito menos Jair, interessados em saber a possível resolução do caso. Solange continuava desempregada e andando pelas ruas à procura de sua irmã, com aquele ferimento, decorrente da mordida de um cachorro, lhe prejudicando cada vez mais.

Quatro anos mais tarde, no começo de 1992, a família se mudou para os Estados Unidos, onde vivem até hoje. Diogo, inconformado com a crise de caráter que varria o Brasil, agravada com a eleição de Fernando Collor de Melo para a presidência do Brasil, optou por se tornar um exilado moral.

Nos anos que se seguiram, de 1988 até a partida para os Estados Unidos, nenhum fato novo surgiu no caso. O corpo de Isaura nunca apareceu. Diogo e Grace, por muito tempo, acompanharam os noticiários policiais nos jornais, procurando algo que se ligasse à ocorrência. O suspeito nunca mais ligou. Quem sabe, durante todos aqueles anos, tenha atormentado outras famílias, ou ainda assassinado outras mulheres ingratas. No Brasil, com o descaso institucional vigente, ele e outros vários criminosos seguem impunes, e os cidadãos, seguem desprotegidos.

VERMELHO MARINHO